QU'EST-CE QUE MENTIR ?

COMITÉ ÉDITORIAL

CHEMINS PHILOSOPHIQUES

Collection dirigée par Roger POUIVET

Philippe CAPET

QU'EST-CE QUE MENTIR ?

Paris

LIBRAIRIE PHILOSOPHIQUE J. VRIN

6, place de la Sorbonne, V^e

2012

AUGUSTIN, *Le mensonge*, dans *Œuvres de Saint Augustin, Première série : Opuscules. II. Problèmes moraux*.
traduction de Gustave Combès
© Paris, Institut d'Études Augustiniennes, 1948.

Bernard WILLIAMS, *Vérité et véracité, essai de généalogie*, traduction de Jean Lelaidier
© Paris, Gallimard, 2006.

© *Librairie Philosophique J. VRIN*, 2012
Imprimé en France
ISSN 1762-7184
ISBN 978-2-7116-2441-6

www.vrin.fr

QU'EST-CE QUE MENTIR?

INTRODUCTION

« Mentir, c'est dire le contraire de la vérité. » Telle est la définition spontanée qu'on obtiendra la plupart du temps en réponse impromptue au titre de cet ouvrage. Au cours de son existence, quasiment tout le monde a déjà menti ou s'est déjà estimé destinataire d'un mensonge, par conséquent tout le monde sait ou croit savoir ce qu'est le mensonge; la question posée ne mérite donc pas d'attention soutenue. Réflexion faite cependant, cette première définition ne satisfera pas même celui qui l'a proposée. Il lui suffira d'évoquer des circonstances connues de lui pour accumuler des éléments disparates essentiels au mensonge, qui ne figuraient pas dans sa première définition.

Le mensonge semble si commun que son étude pose un problème majeur : il n'éveille que rarement la curiosité d'un amateur de circonscription de concepts, tant sa définition semble évidente et ne devrait soulever aucune difficulté. Son caractère de phénomène universellement répandu exige son étude sous différents angles disciplinaires et thématiques des plus variés, qui finissent par le diluer dans un ensemble flou de notions disparates, envisagées de multiples et discordantes façons. En somme, le mensonge est la plupart du temps pris pour acquis, connu, et ne nécessitant pas de définition plus précise, en même temps qu'il est à la source de quantité de travaux éclectiques et de notions apparentées.

Dans l'optique de qualification du mensonge, il faut s'arroger des pouvoirs dont est dépourvu un juge, un inspecteur de police ou quiconque. Nul ne peut jamais prouver[1] qu'il y a eu mensonge, même si c'est le menteur lui-même qui affirme avoir menti, et que des indices concordants laissent supposer qu'il l'a fait. Nous adopterons ici un point de vue d'être omniscient : les *croyances* du menteur comme ses *intentions* sont supposées accessibles. Ce point de vue, caractéristique du modélisateur, n'est bien entendu dans la réalité celui de personne.

Dans la suite, les notations suivantes seront régulièrement utilisées : I pour le locuteur et possible menteur, J pour l'allocutaire et destinataire du possible mensonge, p pour la proposition assertée par I à J. On écrira « I dit que p » sous-entendant que I dit que p est vraie, et pour la négation de p, non-p.

Avec ces conventions, la réponse fruste énoncée ci-dessus prend la forme suivante, comprenant deux clauses, et que l'on appellera la Définition 0 :

> **Déf. 0** : (1) non-p, (2) I dit que p.

---

1. Il n'a jamais été prouvé que le « polygraphe », ou prétendu détecteur de mensonge selon des indicateurs physiologiques, produisait des résultats fiables. Une telle preuve serait au demeurant impossible à établir.

LE PARCOURS ERRATIQUE DU MENSONGE EN PHILOSOPHIE

Étrangement, et même si l'occurrence du mot « mensonge » fait rarement défaut dans l'œuvre de quelque philosophe de la tradition que ce soit, sa définition semble avoir échappé au travail d'investigation requis. Peut-être le mensonge offre-t-il de trop nombreuses facettes et nous concerne-t-il trop intimement pour qu'il soit examiné pour lui-même. En particulier se mêlent à l'étude du mensonge beaucoup trop de connotations annexes et contingentes à un examen serein de ce que le mensonge est authentiquement en soi. Il faut par exemple pour le définir s'affranchir de toute considération morale, théologique, juridique ou psychologique. Or, si pour se concentrer sur le concept, l'on se détache de ces aspects, que subsiste-t-il au juste à ce sujet dans la littérature philosophique? Guère plus, apparemment, que le célèbre paradoxe du Menteur. À titre de symptôme, le *Vocabulaire technique et critique de la philosophie* d'André Lalande ne possède pas d'entrée à « mensonge », et l'article « menteur » renvoie en tout et pour tout au paradoxe du même nom. C'est pourtant trop restreindre la recherche autour de ce concept que de se cantonner à ce seul champ d'investigation.

Bien que le mensonge ou les nombreux concepts apparentés que sont la duperie, la mauvaise foi, la fausseté, la dissimulation, etc., se retrouvent tôt ou tard chez presque tout philosophe, il s'agit souvent d'une simple mention ou allusion. Parmi les rares essais dévolus spécifiquement au mensonge en France depuis un siècle, ceux de Jankélévitch[1] et de Koyré[2]

---

1. V. Jankélévitch, *Du mensonge*, dans *Philosophie morale*, Paris, Flammarion, 1998.

2. A. Koyré, *Réflexions sur le mensonge*, Paris, Allia, 1998.

considèrent le mensonge comme une notion bien comprise, et il s'agit pour eux de discuter principalement des aspects *moraux* du mensonge, sans se soucier de caractériser plus étroitement le concept. La controverse Kant-Constant[1] autour du mensonge se place elle aussi dans une dimension essentiellement morale. Nietzsche[2] dépeint quant à lui le mensonge sous un angle beaucoup plus large, sans limitation à sa dimension morale. Pour lui, l'intellect est le « maître du travestissement », lequel se manifeste par « illusion, flagornerie, mensonge et tromperie, commérage, parade, éclat d'emprunt, masques, convention hypocrite, comédie donnée aux autres et à soi-même ». Le recours au langage rend inévitable une situation propre à l'homme : « le menteur utilise les désignations valables, les mots, pour faire apparaître l'irréel comme réel », et les « métaphores à l'œuvre » (passage d'une excitation nerveuse à une image, puis de l'image au son via le recours au langage) sont d'usage permanent. Si, comme son titre l'indique, on s'écarte certes dans ce texte d'une conception strictement morale du mensonge, on peut également avoir l'impression de s'écarter du sens traditionnel du mensonge en le voyant finalement quasi partout, dans tout usage de l'intellect.

À quelques très rares exceptions près, il aura fallu attendre la première décennie du XXIe siècle pour que des articles et ouvrages de philosophie soient écrits pour parvenir à une définition du mensonge. Ce n'est ainsi qu'en 2008 que la *Stanford Encyclopedia of Philosophy* a publié une *Definition of Lying and Deception*, sous la plume de J. Mahon. D. Fallis a

---

1. Cette controverse est rappelée dans le commentaire d'Augustin ci-après.
2. F. Nietzsche, *Vérité et mensonge au sens extra-moral* (1873), trad. fr., N. Gascuel, Paris, Babel, 2002.

consacré nombre d'articles sur le sujet ces dernières années, tandis que Th. Carson publiait en 2010 *Lying and Deception* après plusieurs articles sur ce thème, où là aussi la partie défi-nitionnelle est fondamentale. Les références dans ces textes témoignent de la nouveauté du sujet ; hormis les auteurs de la tradition cités par convenance, le quasiment seul article[1] régulièrement évoqué date de 1977 ! Même si les études philo-sophiques portant spécifiquement sur le mensonge sont rares, cela ne signifie donc pas qu'elles sont inexistantes. Et même si, parmi les plus classiques, elles avaient tendance à confon-dre plusieurs facettes du mensonge, il s'agit précisément d'y démêler ce qui présente malgré tout un apport, un éclairage particuliers propres à contribuer à la circonscription des prérequis conceptuels autour du mensonge.

Le paradoxe du Menteur

Le paradoxe du Menteur est attribué par Diogène Laërce[2] à Eubulide de Milet : Eubulide prononce la phrase « Je mens », étant sous-entendu « Je mens en prononçant la présente phrase. » Ce faisant, s'il dit vrai, c'est qu'il ment, mais s'il ment c'est que sa phrase est fausse, donc il y dit la vérité, etc. La valeur de vérité de la proposition semble se dérober à chaque itération des inférences qu'on fait sur elle[3]. Le paradoxe du Menteur a sans doute suscité la plus ancienne en

1. R. Chisholm et T. Feehan, The intent to deceive, *Journal of Philosophy*, 74, 1977, p. 143-159.

2. Voir Diogène Laërce, *Vies et doctrines des philosophes illustres*, Paris, La pochothèque, 1999, p. 108-111.

3. Autre forme approchante, le paradoxe du Crétois, ou paradoxe d'Épiménide : Épiménide de Crète affirme que les Crétois sont toujours menteurs.

même temps que la plus rigoureusement logique des questions concernant le mensonge dans la littérature philosophique. Et s'il a été exposé depuis l'Antiquité, c'est sans doute avec l'essor de la logique moderne au XXᵉ siècle qu'il a véritablement trouvé toute sa puissance de suggestion jusqu'à déterminer le socle d'analyses des plus ardues en logique mathématique, en linguistique formelle ou encore en informatique fondamentale. Les théories de la vérité se sont toutes servi du paradoxe du Menteur, soit pour justifier leur nécessité, soit pour motiver leur quête, soit pour illustrer sur cet exemple leur validité ou déterminer leurs limites. De type sémantique, le paradoxe a servi de référence ou de point de départ à d'illustres auteurs comme Russell, Tarski et bien d'autres. C'est peut-être Quine qui en a donné la meilleure version :

> « Donne quelque chose de faux quand on l'appose à sa propre citation » donne quelque chose de faux quand on l'appose à sa propre citation [1].

Il ne subsiste plus aucun menteur, nul Crétois, et seule la notion de fausseté perdure. Paradoxalement, le thème ayant un apparent rapport au mensonge le plus ancien, le plus profondément logique et le plus abondamment traité par la philosophie ne ressortit plus au mensonge ; en dépit des apparences, se penchant minutieusement sur ce sujet, la philosophie ne s'était pas réellement préoccupée de ce qu'est un mensonge.

---

1. W. V. O. Quine, *The Ways of Paradox and Other Essays*, Random House, 1966, p. 7.

Vérité, fausseté et réalité : Platon

Dans ses dialogues[1], Platon n'aborde qu'incidemment la question proprement dite du mensonge, sans faire toujours de distinction entre la fausseté et le mensonge. Dans *Le petit Hippias*, l'un de ses premiers dialogues, sous-titré *Du faux*, Socrate est aux prises avec Hippias. Par maïeutique, partant des qualificatifs dont Hippias affuble Achille et Ulysse et de leurs mérites comparés, Socrate va pousser son interlocuteur à un raisonnement aux conclusions paradoxales. À propos d'Ulysse, Hippias reconnaît que l'homme authentiquement faux doit être dans la capacité d'accomplir quantité d'actions variées, et « tout spécialement celle d'abuser les hommes ». L'homme faux est donc très, voire trop intelligent, et a un regard introspectif sur sa fausseté, en ceci qu'il a connaissance de ce qu'il fait lorsqu'il exerce sa fausseté.

Dans l'*Euthydème*, le personnage éponyme argumente auprès de Ctèsippe, qui accuse Dionysodore de parler faussement, qu'il est impossible de mentir – ou plus exactement, de parler de ce qui n'est pas. L'argumentation est la suivante : dès lors qu'on énonce une parole, on énonce une certaine réalité, à propos du thème ou du sujet de la parole en question. « Or il est certain qu'en énonçant le réel et les réalités, c'est la vérité que l'on dit », enchaîne Euthydème[2]. La conclusion est alors qu'il est impossible de dire le faux :

---

1. On se réfère à la traduction de Léon Robin des *Œuvres complètes* de Platon, « Bibliothèque de la Pléiade », Paris, Gallimard, 1943.

2. Platon, *Œuvres complètes*, *op. cit.*, 284 a, vol. I, p. 578.

D'après ta propre thèse, le faux, personne ne l'énonce[1] ; mais, tout au contraire, s'il est vrai qu'il y ait une énonciation émanant de Dionysodore, c'est la vérité, c'est le réel qu'elle énonce.

Ainsi que le commente la philosophe Maria Bettetini[2], « il n'y a pas de différence entre être, être connu et être dit, dans un univers où l'idée est plus que la chose qui la contient en tant qu'elle en est produite ». Le mensonge, ou la fausseté, ne sont toujours pas définis, si la fausseté dans la pensée et celle dans le discours ne sont pas davantage distinguées d'une part, et si leurs conditions de « production » se résument à la présence en leur sein de choses qui ne sont pas le cas. Dès *Le petit Hippias*, Platon insiste sur les connaissances propres au menteur, supérieures à celles de l'homme incapable de mentir, ce qui introduit d'emblée le rapport qu'entretiennent les paroles mensongères avec ce que sait ou croit le menteur, et non avec la réalité. Dès les dialogues socratiques, nous sommes implicitement conviés à une définition du mensonge qui affine la Définition 0 :

Déf. 1 : (1) I croit que non-p, (2) I dit que p.

Le menteur ne tient pas un discours « contraire à la vérité », mais un discours contraire à ce qu'il sait ou croit, ce qui nous fournit d'emblée une *condition nécessaire* du mensonge.

---

1. Monique Canto-Sperber traduit ceci en : « D'après ce que tu dis, personne ne peut mentir. » dans sa traduction de l'*Euthydème* parue chez Garnier-Flammarion.

2. M. Bettetini, *Petite histoire du mensonge*, Paris, Hachette, 2003, p. 22.

Recours à l'intention de tromper : Augustin

Augustin a laissé plusieurs traités ou textes spécifiquement dévolus à l'étude du mensonge. Dans *Le Mensonge*[1], principal traité sur le sujet, Augustin tâche notamment de fournir une définition du mensonge, qui écarte en particulier des concepts apparentés. Dans ce texte, commenté plus loin, l'insistance d'Augustin sur les intentions du menteur d'une part, sur la prise en compte d'un allocutaire d'autre part, incite à avancer une définition du mensonge plus fine que les deux précédentes :

> **Déf. 2** : (1) I croit que non-p, (2) I dit à J que p, (3) I a l'intention que J croie que p.

Thomas d'Aquin a consolidé[2] cette analyse : la Définition 2 du mensonge tient compte non seulement des croyances (ou connaissances) du locuteur, mais surtout du destinataire du mensonge et des intentions mensongères fomentées à son endroit.

L'inscription du mensonge dans le langage : Montaigne

Dans deux *Essais*[3], *Des menteurs* et *Du démentir*, Montaigne aborde à son tour la question du mensonge. Le premier, *Des menteurs*, présente en premier lieu l'intérêt de relever certaines approximations langagières, ou des

---

1. Augustin, *Le Mensonge*, Paris, L'Herne, 2011.

2. Thomas d'Aquin, *Somme théologique, les vertus sociales*, question 110, Paris, Desclée & Cie, 1954, trad. fr., J.-D. Folghera. Nous revenons sur ce point au commentaire d'Augustin.

3. On se réfère à la version de Montaigne, *Œuvres complètes*, Paris, Le Seuil, 1967.

évolutions de sens des mots. Montaigne admet une distinction, apparemment faite par les grammairiens de son temps, entre *dire mensonge* et *mentir* : le premier verbe signifie que le locuteur a dit une chose fausse en la croyant vraie, tandis que le second « ne touche que ceux qui disent contre ce qu'ils savent » : on dira ici plus volontiers qu'il y a une différence entre dire (involontairement) une fausseté, ce qui revient à se tromper et relève de l'erreur, et mentir. Tout comme Montaigne, c'est à ce second cas que l'on s'intéresse.

Le trait particulier qu'apporte Montaigne réside dans les passages où il replace le mensonge dans sa perspective langagière. Dans *Du démentir* (II. 19), il écrit :

> Notre intelligence se conduisant par la seule voie de la parole, celui qui la fausse, trahit la société publique. C'est le seul outil par le moyen duquel se communiquent nos volontés et nos pensées, c'est le truchement de notre âme : s'il nous faut, nous ne nous tenons plus, nous ne nous entre-connaissons plus. S'il nous trompe, il rompt tout notre commerce et dissout toutes les liaisons de notre police.

Autrement dit, le langage et la parole qui lui sert de support assurent idéalement la transmission de notre pensée à autrui, et le mensonge nous prive de ce qui constitue la valeur de ce medium ; sous l'usage du mensonge, le *commerce* entre les hommes, dont les règles sociales sont *publiques*, s'en trouve délité, et les liens entre humains se défont, rendant impossibles l'intercompréhension et les connaissances réciproques – *l'entre-connaissance*, dans la langue de Montaigne.

La brève incursion dans les rares textes de la tradition philosophique a ainsi permis de cerner trois traits caractéristiques du mensonge : l'inscription dans le langage, les aspects épistémiques, le rôle de l'intention du menteur.

LES COMPOSANTES DU MENSONGE

Langage, émetteur et destinataire du mensonge

On ne ment pas dans le vide, on s'adresse à quelqu'un – fût-ce à soi-même, si l'on peut toutefois se mentir. Il y a un destinataire du mensonge, selon un langage qu'utilise le menteur, et les essais mentionnés de Montaigne prenaient déjà ces éléments pour acquis dans l'utilisation du « mentir ». Or, quelles sont les contraintes qui pèsent sur l'émetteur du mensonge, son destinataire, et selon quel langage ?

En s'appuyant sur le texte encyclopédique de Mahon[1], on peut préciser quelques points concernant les moyens de mentir pour l'instant laissés en suspens. La possibilité d'énonciation doit être comprise ici, et abusivement, comme fort large dans le cadre du mensonge. Un menteur peut mentir en prononçant son mensonge, mais aussi par écrit, par signes, etc. Comme l'écrit Mahon, un langage tel que celui des sourds-muets, une proposition émise par des signaux de fumée ou encore en morse ou depuis un sémaphore avec des drapeaux ou des signaux optiques permet de mentir : la parole orale n'est pas la seule à ouvrir la possibilité de mentir. En outre, le destinataire semble devoir être humain : on ne mentirait pas à un autre animal, à une plante, à un objet.

D'autre part, dans le domaine artistique, la création romanesque, l'usage d'un trompe-l'œil en peinture, architecture ou sculpture, la représentation théâtrale d'une pièce pourraient laisser penser que les auteurs ou interprètes mentent au spectateur ou lecteur visés, ou tout du moins cherchent à les duper. Il n'y a toutefois pas chez le créateur la volonté de

---

1. http ://plato.stanford.edu/entries/lying-definition

rompre unilatéralement une sorte de pacte avec son public ; au contraire, le public est consentant (et conscient de l'être) à se laisser ainsi raconter des histoires ou duper les sens. S'il fait erreur, prenant par exemple une histoire romanesque pour une dépêche d'agence de presse, ou se laissant fourvoyer par une perspective fictive dans l'architecture d'un monument en se heurtant à un mur qui ressemblait à un chemin dégagé, là n'était pas l'intention de l'artiste. Et l'on peut se demander s'il existe réellement un « paradoxe sur le comédien », tel que décrit par Diderot.

Par ailleurs, et contrairement à ce qu'on pourrait spontanément imaginer, l'habilitation à pouvoir mentir ne va pas de soi, en amont même de définir avec précision le mensonge et en le considérant dans une acception usuelle. La psychologue Claudine Biland rapporte[1] des études tendant à établir que dès trois ans, un enfant est capable d'élaborer des mensonges. Lié à ces questions, un vaste débat agite depuis plusieurs années les mondes de la philosophie de l'esprit et de la psychologie cognitive, celui de la notion de *théorie de l'esprit* des humains, et par extension, des autres animaux. Issue des travaux de deux primatologues[2], cette notion désigne « l'aptitude à expliquer et à prédire ses propres actions et celles d'autres agents intelligents. »[3] Cette aptitude passe par la capacité de « lire dans les esprits » (*mind-reading*), c'est-à-dire

1. C. Biland, *Psychologie du menteur*, Paris, Odile Jacob, 2004. Pour la présentation d'analyses plus récentes en psychologie, voir O. Mascaro et O. Morin, « L'éveil du mensonge », *Terrain*, 57, 2011, p. 21-35.

2. D. Premack et G. Woodruff, « Does the chimpanzee have a theory of mind ? », *The Behavioral and Brain Sciences*, 4, 1978, p. 515-526.

3. J. Nadal et A.-M. Melot, article « Théorie de l'esprit », dans *Vocabulaire des sciences cognitives*, O. Houdé (dir.), Paris, P.U.F., 2003.

d'avoir des capacités dites méta-représentationnelles qui permettent entre autres d'attribuer des *états mentaux* à autrui, tels que la croyance, le désir, l'intention. De nombreux travaux sont menés en psychologie du développement, de manière à déterminer à quel âge un enfant commence à pouvoir attribuer à autrui des *croyances fausses*. Les expériences montrent que les enfants semblent acquérir cette capacité vers l'âge de quatre à cinq ans, ce qui est cohérent avec l'âge tout juste antécédent où l'enfant apprendrait à savoir mentir. La pathologie de l'autisme nourrit également ces âpres discussions. De nombreuses données expérimentales tendent à prouver que les autistes sont en particulier dans l'incapacité de faire semblant. Ils voient d'autant moins comment autrui pourrait de son côté faire semblant et sont incapables d'attribuer des croyances fausses à autrui, qui sont dans leur esprit des notions proprement incompréhensibles. Les autistes seraient alors dans l'incapacité de mentir comme de supposer qu'on leur mente.

Les concepts introduits à propos de la théorie de l'esprit, notamment celui de méta-représentation, font également repousser certains comportements animaux du champ du mensonge. Même si l'observation d'un chat en train de guetter une proie, feignant l'indifférence en reniflant un brin d'herbe fait irrésistiblement penser à un comportement mensonger, le fait que le chat soit vraisemblablement dénué de capacité méta-représentationnelle interdit de prendre au sérieux cette première interprétation : il faudrait imputer au chat l'intention que sa proie croie qu'il est en train de ne pas la guetter. L'un des problèmes de l'anthropomorphisme qui tendrait à faire admettre le mensonge partout dans le règne animal, outre l'argument de la méta-représentation, repose sur la difficulté de mettre une véritable limite entre les animaux qui seraient capables de mentir et les autres. Qu'on crédite le chat à l'affût de mensonge est certes explicable compte tenu de sa relative proximité de mammifère avec l'être humain, mais se hasarderait-on à dire que les phasmes passent leur existence à mentir, puisqu'ils ont acquis (certainement parce que cela présentait un avantage sélectif) au cours de l'Évolution l'apparence de brindilles afin d'échapper aux prédateurs ?

En fait, cette question semble avoir été tranchée par l'éthologie cognitive. Dès 1978 les deux primatologues déjà cités suggéraient que les grands singes étaient dotés d'une certaine théorie de l'esprit. Plus tard, les mêmes ont reconnu avoir surinterprété leurs résultats ; à l'issue d'expériences plus discriminantes, ils sont arrivés à la conclusion inverse, et les comportements qu'ils avaient pris pour une capacité à la tromperie tactique chez les primates n'étaient en fait que « l'usage routinier de signaux ritualisés »[1]. Toutes les expériences menées depuis lors sur les comportements de ruse, de leurre ou de tactique animale aboutissent à une même conclusion : les animaux n'ont pas de théorie de l'esprit, seuls les humains en sont dotés. Par conséquent seuls quelques humains – ayant dépassé un âge, non autistes, etc. – sont capables de mentir. Les animaux non humains qui mystifient, rusent ou leurrent ne le font pas à l'aide d'une quelconque méta-représentation ; en dépit des apparences, ils ne peuvent être dits menteurs.

Une telle impossibilité de mentir chez certains êtres pourrait-elle toucher toute une société, non plus pour des

---

1. J. Proust, *Les animaux pensent-ils ?*, Paris, Bayard, 2003, p. 141-143. Voir aussi les chapitres VIII et IX de J. Proust, *Comment l'esprit vient aux bêtes*, Paris, Gallimard, 1997.

motifs psychologiques, mais logiques ? Lors de son *Voyage chez les Houyhnhnms*, Gulliver peine à faire comprendre à ses hôtes parlants à l'apparence de chevaux la notion même de mensonge ou de déformation de la vérité. Celui que Gulliver désigne comme son maître explique ainsi ses difficultés :

> La raison d'être de la parole, c'est de nous permettre de comprendre nos semblables et de recevoir des informations sur des faits. Or si celui qui me parle dit « la-chose-qui-n'est-pas », c'est la nature même du langage qu'il trahit ; car on ne peut pas dire alors que je le comprenne, au vrai sens du mot, ou que je reçoive une information, bien au contraire, puisqu'il me laisse dans un état pire que l'ignorance, et que je suis amené à croire qu'une chose est noire quand elle est blanche ou qu'une autre est courte quand elle est longue [1].

Cette incapacité à comprendre ce que pourrait être le mensonge ne provient pas d'un impératif *moral*, mais ressortit à la fonction prêtée par les Houyhnhnms au langage. Il s'agit d'une caractéristique anthropologique – ou plutôt hippologique – bouleversant ce que nous entendons par langage. Compris d'une part comme instrument d'inter-compréhension, d'autre part et plus rudimentairement comme moyen d'accéder directement à la réalité en transmettant des informations sur les faits qui la composent, le langage du peuple imaginaire des chevaux ne peut tolérer, ni même laisser concevoir, le recours à la moindre parole mensongère, car elle enfreindrait chacun de ces deux aspects.

---

1. J. Swift, *Voyages de Gulliver* (1726), trad. fr. J. Pons, Paris, Gallimard, 1976, p. 297.

Croyances et connaissances

Comme déjà souligné, on ne peut à proprement parler de mensonge qu'à la condition que le menteur dispose d'une croyance ou d'une connaissance d'une certaine sorte. Cet état épistémique se rapporte à l'objet du mensonge : une condition *a priori* élémentaire, nécessaire mais non suffisante, pour qu'il y ait mensonge est que ce qui est dit par le locuteur ne soit pas *cru* ou *su* par lui [1]. C'est tout ce qui distingue la Définition 0 de la Définition 1 préalablement posées. Le rapport n'est pas entre ce qui est dit et la réalité, mais entre ce qui est dit et ce qui est cru par le locuteur. En d'autres termes, pour affirmer ou nier qu'il y a mensonge, la cohérence ou l'incompatibilité doit être recherchée dans une correspondance logique non pas entre la réalité et le contenu propositionnel d'un acte de langage, mais entre ce dernier et un contenu de croyance du locuteur. Les logiques impliquées ne sont pas les mêmes : dans le premier cas, la relation est relativement peu ambiguë car objective, et la logique classique, de par son objet, suffirait à en rendre compte : cela relève de la question traditionnelle de la correspondance entre langage et réalité. Dans le second cas, la relation, en vertu de la faillibilité et le défaut d'objectivité ou d'omniscience qu'elle introduit, donne lieu à une possibilité d'erreur : si le menteur se trompe, il peut dire vrai tout en croyant mentir. La logique qui en rendra compte devra comprendre cette part subjective liée à l'attitude épistémique du locuteur envers le contenu de ce qu'il dit.

---

1. Dans la suite, on utilisera davantage les croyances des interlocuteurs plutôt que leurs connaissances ; les importantes différences entre ces deux notions ne modifient cependant guère la définition du mensonge selon qu'on se réfère aux unes ou aux autres.

Mais cette condition nécessaire de caractérisation du mensonge ne saurait être suffisante : puisqu'on ne souhaite pas compter l'ironie, la galéjade ou la formule de politesse parmi les mensonges, en dépit de la contradiction néanmoins présente entre ce qui est dit et ce qui est cru par le locuteur, il faut introduire de nouvelles contraintes. Dans ces trois exemples comme dans d'autres, ce sont en bonne part les connaissances de l'allocutaire qui entrent en ligne de considération. Plus précisément, pour distinguer par exemple l'ironie du mensonge, ce sont entre autres des connaissances de l'allocutaire *telles qu'elles sont supposées par le locuteur* qui interviennent : pour schématiser grossièrement, quand l'ironiste espérera qu'il ne sera pas pris au mot, le menteur escomptera au contraire de l'être. Dans un cas comme dans l'autre, le locuteur peut se tromper sur les croyances (futures) de son allocutaire et échouer dans ses buts ; mais quand bien même l'ironiste convaincrait autrui que ce qu'il dit avec ironie est le cas, cela n'en ferait pas encore un menteur – seulement l'auteur d'un trait d'ironie qui a échoué. Inversement, la qualification de mensonge ne variera pas, même si le locuteur échoue dans sa tentative de modifier les croyances d'autrui dans le sens de ce qu'il croit faux. Et s'il finit par exemple par passer pour ironiste quand il voulait mentir, il n'en demeurera pas moins un menteur, car son intention était bel et bien de modifier les croyances de son auditoire selon son gré, même si cette intention se trouve *a posteriori* contrecarrée pour des raisons contingentes qui ne transforment pas le mensonge en ironie involontaire. Les conditions de succès n'entrent pas en considération pour les qualifications respectives de mensonge et d'ironie. Si l'on veut faire la part entre ce qui ressortit au mensonge et ce qui ne ressortit qu'à des concepts faussement apparentés, la prise en compte non seulement des connaissances de l'allocutaire mais surtout des croyances du locuteur sur les croyances de l'allocutaire, donc des *croyances croisées* entre plusieurs agents, s'avère indispensable.

Intentions, postulats du raisonnement adverse et temporalité dans le mensonge

Jusqu'ici, il n'est fait qu'allusive référence aux intentions et seules la connaissance et la croyance du menteur ont été considérées. Or, il est impossible de différencier, pour un *même* acte de langage, un mensonge d'une ironie, si l'on se cantonne à ces définitions. L'intention du locuteur permet de discriminer ces deux notions essentiellement dissemblables. Il n'y a pas d'intention de tromper, en quelque façon qu'on entende la tromperie, dans l'ironie, tandis qu'elle est patente dans le mensonge.

Même si l'on a tenu pour acquis depuis le début du présent texte qu'un véritable mensonge impliquait l'existence d'une intention, et plus précisément depuis la rapide étude du mensonge selon Augustin, cette question mérite d'être cependant brièvement discutée. Dans cette section spécifiquement dévolue au rôle de l'intention dans la caractérisation du mensonge, la première étape revient en effet à s'assurer que ce rôle n'est pas nul. Contre l'avis des dictionnaires et du sens commun, un mensonge involontaire [1] est-il concevable ? Plus exactement, quelles pourraient être les conditions qui nous amèneraient à juger qu'un mensonge a été commis « sans intention de le commettre », comme on peut donner la mort

---

[1]. En dépit des importantes différences entre les deux notions, en première approximation l'absence d'intention et l'absence de volonté sont ici considérées comme équivalentes.

sans intention de la donner? Sur quoi porteraient ces conditions, sur les circonstances de l'acte de langage, sur les attitudes propositionnelles du locuteur, voire sur celles de l'allocutaire, sur les croyances et les intentions en particulier de l'un, de l'autre, des deux?

Denis Vernant n'hésite pas à écrire que « dans tous les cas, le mensonge constitue une stratégie interactionnelle ayant pour fin la manipulation du comportement de l'autre, fût-il soi. »[1] Dans cette optique, les mots sont suffisamment peu chargés d'ambiguïté pour qu'un mensonge sans intention soit inconcevable : «stratégie », «fin» et «manipulation » s'accommodent mal d'une absence d'intention de la part de qui en serait le maître d'œuvre. De fait, le mensonge inintentionnel ou involontaire ressemble à un oxymore.

Reste à savoir sur quoi est censée porter l'intention. Dans son essai sur le mensonge, Carson (2010) propose un exemple où, selon lui, l'intention de tromper n'est pas nécessaire pour mentir. Le témoin d'un crime doit témoigner au procès du présumé criminel, qu'il a vu agir. Le témoin affirme qu'il n'a pas vu l'auteur du crime, par peur que ce dernier se venge de lui. Cependant, il n'a pas l'intention de duper quiconque par cette affirmation (il espère même que personne ne le croira et que le criminel sera reconnu coupable.) Selon Carson, le témoin ment, mais sans intention de duper. Parmi les objections qu'on peut faire à cet exemple, la plus simple consiste à ne pas voir *où* serait le mensonge dans ce cas de figure. Le supposé menteur est certain qu'à la question qu'on lui pose, le jury a déjà la réponse et n'en variera pas. Même s'il se taisait, ou répondait hors sujet, la conviction du jury est inaltérable et

1. D. Vernant, *Du discours à l'action*, Paris, P.U.F., 1997, p. 71.

le témoin le sait. Autant parler à un mur ; et à un mur on ne peut certes mentir. Les autres exemples utilisés par Carson pèchent par le même problème : le contexte des supposés mensonges sans intention de duper son auditoire dissout l'auditoire, considéré comme un ensemble d'individus sourds, ou du moins aux convictions solidement ancrées.

En conséquence de ce qui précède, admettons que tout mensonge implique l'existence d'une intention associée au mensonge chez le locuteur. Mais, outre la vague duperie évoquée, sur quoi porte cette intention ? Une chose semble d'ores et déjà pouvoir être affirmée : si je mens, j'avais une certaine intention, se réduisît-elle à l'intention de mentir. Tentons d'abord d'étudier l'intention mensongère portant sur les connaissances de l'allocutaire interprétées par le locuteur, et les connaissances associées qui pouvaient ou devaient être prêtées au locuteur. Cette simplification de l'intention complexe à l'intention élémentaire – et primaire – sur les croyances et les connaissances pourrait apparaître comme ultime : mon intention de mentir semblerait devoir concerner, en dernière analyse, ce que va inférer d'emblée mon allocutaire en interprétant mes paroles. Cependant, n'y a-t-il pas un cas de mensonge plus simple encore, où la prise en compte de la réaction de l'allocutaire est réduite à l'extrême ? Non plus réduite à une modification épistémique élémentaire escomptée, mais à rien ? Pascal écrit ainsi dans les *Pensées* ;

> Quoique les personnes n'aient point d'intérêt à ce qu'elles disent, il ne faut pas conclure de là absolument qu'ils ne

mentent point; car il y a des gens qui mentent simplement pour mentir [1].

Cependant, l'idée du mentir pour (uniquement) mentir semble difficilement intelligible, au moins pour deux raisons, logique et pragmatique. Cette variété de mensonges pour mentir renvoie à une régression à l'infini. Si l'on s'entête à comprendre, on peut demander : « et pourquoi aviez-vous cette intention de mentir ? », et le menteur ne pourrait que répondre l'immuable « pour mentir. » Pragmatiquement à présent, le menteur pascalien qui mentirait pour mentir semble ne s'adresser à personne en mentant, comme si l'on pouvait mentir dans le vide et face à personne, pas même à soi-même. Dans son intention n'entrerait la considération de quiconque : à qui ment-il lorsqu'il ment pour mentir ? La question ne peut pas se poser, tant dans son intention n'entre nulle référence à un éventuel allocutaire. Mais c'est manquer toute la richesse interlocutive propre au mensonge que de le réduire à une sorte de babillage. Comme dit Vernant, « sauf cas patho-logique, nous ne mentons pas pour le plaisir de mentir, mais pour imposer à autrui des convictions et des croyances qui orienteront, selon nos vœux, ses actions » [2].

Si l'on admet qu'il faille invoquer une intention pour qu'on puisse qualifier de mensonger un acte de langage, les contraintes pesant sur cette intention mensongère restent toujours aussi peu claires à ce stade.

---

1. B. Pascal, *Les Provinciales, Pensées et opuscules divers*, Paris, Le livre de poche, 2004, § 617, p. 1158.

2. D. Vernant, *Du discours à l'action, op. cit.*, p. 71.

Dans son panorama synthétique de la philosophie analytique de l'action[1] et pour essayer de définir ce qu'est une action, Renée Bilodeau illustre la conception causaliste de l'action par l'exemple suivant, où un élève, Antoine, ment au professeur :

> [L]e mensonge d'Antoine est une action parce qu'il a pour antécédent causal le désir d'Antoine d'éviter une punition et sa croyance qu'en racontant au maître d'école que sa mère est morte, il s'épargnera les effets de la colère de celui-ci. (p. 191-192)

Les attitudes propositionnelles que sont le désir et la croyance d'Antoine expriment, selon la conception causaliste, la *cause mentale* de l'action que serait ici l'acte de langage mensonger.

Indépendamment du fait de savoir si un mensonge est effectivement une action de par l'existence de cette cause mentale, il est surprenant que parmi les attitudes propositionnelles mentionnées n'apparaisse nulle part l'intention d'Antoine lors de son mensonge. L'intention y est en fait sous-entendue, et inférable du rôle causal attribué à la croyance en une implication dont la conséquence n'est autre que le contenu de son désir, la prémisse étant l'objet du mensonge : Antoine a le désir d'éviter la colère du maître, croit une certaine implication qui devrait exaucer son désir, et a en cohérence avec ces hypothèses l'intention de faire croire au maître une certaine proposition, selon laquelle par exemple sa mère est morte.

---

1. R. Bilodeau, *Philosophie de l'action*, dans *Précis de philosophie analytique*, P. Engel (dir.), Paris, P.U.F., 2000.

Par (à peu de détails près) le même type d'argument justificatif, nous postulons que parmi les états mentaux de l'allocutaire que le menteur entend intentionnellement modifier, nous pouvons nous limiter aux seuls états *épistémiques*. Ce postulat peut paraître douteux au premier abord : supposons que je veuille convaincre un individu que ma lessive est meilleure que celle qu'il utilise, en prêtant à la mienne des qualités qu'elle n'a pas. En bon publicitaire, j'entends bel et bien jouer à la fois sur les désirs (et les intentions d'achat) de l'éventuel acheteur, et il semble bien que je veuille jouer par mon mensonge publicitaire *directement* sur ces variétés d'états mentaux, sans passer par celle de la croyance ou de la connaissance. Mais comment imaginer de faire l'économie d'un passage préalable par la cognition de mon auditeur, avant de motiver son désir ? Il faut qu'il modifie, plus ou moins explicitement, ses *croyances* sur les qualités respectives des lessives avant de modifier ses désirs et intentions. Même un sujet très malléable ou sous hypnose doit modifier ses vision, compréhension, cognition (au moins tacites) du monde avant de laisser s'éveiller de nouveaux désirs ou de fomenter de nouvelles intentions. Le consommateur, mécontent de sa lessive après l'avoir acquise à la suite de la réclame mensongère, se plaindrait d'ailleurs avant tout en avançant qu'on lui avait fait *croire* que cette lessive lavait plus blanc, et non qu'on lui aurait fait *désirer* la lessive. On peine à imaginer comment une parole mensongère pourrait se passer de ce passage intentionnel liminaire par les états épistémiques de son auditoire, et ce quel que soit le plan intentionnel complexe associé au mensonge.

Beaucoup de croisements entre les notions épistémiques et intentionnelles sont envisageables ; ce n'est qu'une question de combinatoire, et beaucoup des possibilités permises sont peu pertinentes. Les suivantes le semblent : s'agit-il d'une intention portant sur la croyance de l'allocutaire, ou sur son ignorance ? Quelle est ou doit être la croyance sur l'intention, à la fois de la part du locuteur et de l'allocutaire, pour que mensonge il y ait ? Y a-t-il des intentions sur ses intentions de la part du menteur ?

Une intention globale de mentir *à propos de p* peut se comprendre de multiples façons. Quelles sont les situations possibles si on essaie d'analyser cette intention ? Du point de vue du locuteur, l'intention de mentir peut se traduire par des intentions moins générales qui sont des conséquences logiques de l'intention de mensonge, de la même manière qu'une stratégie ou un plan se déclinent en une succession chronologique d'actes plus élémentaires. Dans une première approche simplifiée, on pourrait se restreindre au cas où le locuteur I croit que non-p est le cas et où il s'apprête à affirmer à J que p, afin de lui faire croire que p est vraie, car I suppose que le fait qu'il dise que p à J va impliquer que J croie que p. Cela nous conduit à une définition un peu plus fine du mensonge que la Définition 2, en représentant cette fois le *mécanisme inférentiel* que le menteur suppose chez l'allocutaire, représenté en clause 2 :

Déf. 3 : (1) I croit que non-p, (2a) I croit que s'il dit à J que p, alors J croira que p *ou* (2b) I croit que J croit que si I lui dit que p, alors p, (3) I a l'intention que J croie que p, (4) I dit à J que p.

La différence entre les deux versions de la clause 2 de cette définition est la suivante : dans le premier cas, le locuteur I croit ou sait, pour une raison quelconque, que le fait qu'il dise que p à J va inciter ce dernier à croire ou à être persuadé que p est vraie. I parie donc sur un quasi-réflexe chez son interlocuteur, déclenché par le stimulus de son acte de langage.

Peut-être pour avoir observé fréquemment cette réaction chez J, ou parce qu'il connaît certains de ses tics ou travers, J est vu comme une « boîte noire » par I. Nommons ce cas de figure un mensonge « comportementaliste » ou « béhaviouriste ». Par contraste, dans le second cas, le locuteur a connaissance d'une certaine connaissance de J, portant sur une inférence : I pense que J va inférer de l'acte de langage que p est vraie. I se met en quelque sorte à la place de J et lui présume ce faisant un mécanisme inférentiel particulier. On retrouve ici l'idée de méta-représentation : le mensonge tel que décrit dans ce cas est « cognitiviste », car il fait appel à des inférences chez l'allocutaire du mensonge, présumées par le locuteur. Dans le premier cas, c'est le locuteur qui fait l'inférence à partir de l'acte de langage vers une croyance de J, dans le second, c'est J qui est censé la mener, selon I, et toujours à partir du même acte.

Cependant, puisqu'il s'agit de modifier par un mensonge la base de connaissances de J, le cas général est qu'il entre dans l'intention de I de faire croire à J une *certaine* proposition *à propos* de p. Pour traduire la généralité de cette notion d'*à propos*, notons f une fonction qui à p associe f(p), elle-même proposition en rapport avec p. Cette proposition est celle que I entend faire croire à J. Le cas particulier où f est l'identité ramène au mensonge *élémentaire* défini en Déf. 3. Mais en fait, bien d'autres fonctions, sinon toutes, ayant p pour argument et associant une proposition bien formée pourrait convenir : il suffit que le locuteur croie que par l'acte mensonger de langage engageant p, l'allocutaire va en inférer que f(p) est vraie. Justifier telle ou telle forme de la fonction f revient à exhiber un contexte où l'intention mensongère est avérée et porte sur la connaissance future de l'allocutaire dont le contenu est f(p). La définition formelle est la suivante :

Déf. 3-f : (1) I croit que non-p, (2a) I croit que s'il dit à J que p, alors J croira que f(p) *ou* (2b) I croit que J croit que si I lui dit que p, alors f(p), (3) I a l'intention que J croie que f(p), (4) I dit à J que p.

Jusqu'ici, nous avons considéré que le contenu de l'intention mensongère portait avant tout sur une idée à faire passer du menteur vers sa victime. Mais le cas existe aussi où le menteur a pour intention de *dissimuler* quelque chose à l'allocutaire : il s'agit alors, par l'acte de mensonge, de susciter ou de conforter une certaine ignorance, et non plus une croyance, chez l'allocutaire, sans que le contenu de l'ignorance ait nécessairement à voir avec le contenu de l'acte de langage. Or on ne peut, par des paroles, susciter immédiatement chez autrui l'absence de connaissance : il faut bien, pour la créer, qu'un processus inférentiel ait lieu chez l'allocutaire, prenant pour point de départ une certaine croyance et pour point d'arrivée une croyance peut-être distincte qui, pour sa part, doit directement résulter des paroles prononcées par le menteur.

Précédemment, nous avons pris pour acquis le fait que, dans l'intention mensongère, était censée se manifester une modification des états épistémiques de l'allocutaire. Quelles sont les modifications intentionnelles qu'est censé permettre ce mensonge sur l'état des connaissances de J ? Autrement dit, comment, du point de vue de I, ce mensonge affecterait-il la politique de *révision des croyances* de l'allocutaire si les intentions de I étaient comblées ? La dimension *temporelle* du mensonge apparaît ici.

Pour répondre à cette question, il faut prendre en considération deux états mentaux du locuteur distincts :

– sa croyance sur les croyances de l'allocutaire, *avant* que ne soit affirmé que p ;

– son intention sur les croyances de l'allocutaire, *après* l'affirmation que p.

Le tableau à double entrée suivant résume les cas possibles, en posant les hypothèses que I énonce p, croit que non-p, et a l'intention que J croie que f(p) :

	I a l'intention qu'à l'issue J croie que p	I a l'intention qu'à l'issue J croie que non-p	I a l'intention qu'à l'issue J croie que f(p)
I croit qu'au départ J croit que non-p	faire basculer J de la justesse dans l'erreur	renforcer J dans sa justesse	faire passer la croyance de J de non-p à f(p)
I croit qu'au départ J croit que p	renforcer J dans son erreur	faire basculer J de l'erreur dans la justesse	faire passer la croyance de J de p à f(p)

Prise en compte par le menteur de la révision
des croyances de l'allocutaire

La colonne de gauche correspond au cas où f est l'identité : f(p)=p, celle du milieu où f est la négation : f(p)=non-p, et celle de droite où f est indéterminée.

Explicitation ou dissimulation des intentions

On a jusqu'ici abouti à une définition (Déf. 3-f) du mensonge qui semblerait plausible. Cette définition est-elle suffisamment caractéristique ? Ne se trouve-t-il pas des situations où toutes ces conditions sont réunies, mais où, cependant, on n'en viendrait jamais à parler de mensonge à leur propos ?

Donald Davidson a ouvert une voie semblant requérir d'ajouter des clauses à la définition retenue. Dans *Duperie et division*, il glisse incidemment :

> Les seules intentions que doit, à mon sens, avoir le menteur sont les suivantes : (1) il doit avoir l'intention de se

représenter comme croyant une chose qu'il ne croit pas (par exemple, et dans le cas typique, en affirmant quelque chose qu'il ne croit pas), et (2) il doit avoir l'intention de cacher son intention (mais pas nécessairement ce qu'il croit effectivement) à celui qui l'écoute.[1]

Avec l'hypothèse supplémentaire que I ne croit pas que p, la première intention relevée par Davidson a pour contenu que J croie qu'I croie que p. Elle ressemble à un cas particulier de la clause présente dès la Déf. 3-f, avec f(p) signifiant qu'I croit que p, auquel cas la définition 3-f stipule déjà cette première intention. Mais f(p) peut prendre d'autres formes que celle-ci, et peut même être une proposition qui n'a rien à voir avec les croyances de J sur celles de I. Dans ce cas, deux clauses préfixées par l'intention du menteur doivent être considérées, et non plus une seule comme dans Déf. 3 :

Déf. 4-f : (1) I croit que non-p, (2a) I croit que s'il dit à J que p, alors J croira que f(p) *ou* (2b) I croit que J croit que si I lui dit que p, alors f(p), (3) I a l'intention que J croie que f(p), (4) I dit à J que p, (5) I a l'intention que J croie que I croit que p.

La clause 5 est une forme de clause de dissimulation, non d'intention mais de croyance du locuteur. Or en second lieu, Davidson relève pertinemment qu'il y a une intention de deuxième ordre concernant l'intention de premier ordre, et qui porte sur la *dissimulation* de cette première intention. Pour traduire un mensonge plus évolué et compris dans une acception plus stricte reprenant cette intention de deuxième ordre, nous

---

1. D. Davidson, *Duperie et division*, dans *Paradoxes de l'irrationalité*, trad. fr. P. Engel, Paris, Les éditions de l'éclat, 1992, p. 56.

sommes amené à ajouter une nouvelle clause d'intention mensongère à la Définition 4-f :

Déf. 5-f : (1) I croit que non-p, (2a) I croit que s'il dit à J que p, alors J croira que f(p) *ou* (2b) I croit que J croit que si I lui dit que p, alors f(p), (3) I a l'intention que J croie que f(p), (4) I dit à J que p, (5) I a l'intention que J croie que I croit que p, (6) I a l'intention que J ne croie pas que I a l'intention que J croie que I croit que p.

La clause 6 revient à dire qu'I a l'intention que J ne croie pas que la clause 5 est remplie : on retrouve bien le deuxième point de Davidson introduisant l'intention de dissimulation d'une intention de premier ordre.

Bilan et premières exploitations des définitions

Une fois posée la stricte définition du mensonge 5-f, on dispose de suffisamment de leviers sur lesquels agir dans plusieurs perspectives :

– évaluer si cette définition s'applique à certains termes se rapprochant du mensonge, et comprendre la relation que ceux-là entretiennent selon le sens commun avec celui-ci ;

– tester la définition générale qui a été posée sur des cas particuliers voire extrêmes de mensonge, afin d'étudier si la définition résiste à des assauts non conventionnels à son encontre, et en contrepartie, conférer ou refuser le statut de mensonge à ces cas particuliers ;

– cerner ce que sont réussite et échec du mensonge, définissant ainsi une variété de dimensions de l'échec du mensonge qui n'était pas *a priori* évidente.

Si l'on reprend la Déf. 5-f du mensonge, les clauses se distribuent en trois grands ensembles de composantes : intentionnelle (clauses 3, 5 et 6), épistémique (clauses 1 et 2) et langagière (clause 4).

Ce regroupement selon la nature principale de la composante, c'est-à-dire selon l'opérateur qui préfixe chaque proposition, *n'est pas* le découpage qui a guidé vers la définition. La composante intentionnelle de dissimulation n'est introduite que bien plus tardivement que la première intention, afin de traduire un « machiavélisme » accru de la part du menteur. D'autre part, le croisement des opérateurs de croyances des interlocuteurs et d'intention du locuteur permet de décomposer en sous-composantes certaines de ces clauses : intentions portant sur l'ignorance, intentions portant sur la croyance, croyances portant sur la réalité, croyances portant sur les mécanismes inférentiels de l'allocutaire, introduisant un sous-découpage qui termine de décrire le mensonge. Toutes les possibilités de croisement des opérateurs ne sont cependant pas à prendre en compte : il n'y a pas, par exemple, de clause portant sur l'intention du locuteur de croire quelque chose, ce qui ressemblerait à de l'auto-persuasion.

Le mensonge est défini du point de vue du locuteur uniquement. C'est pourquoi toutes les clauses de la définition, à l'exception de la clause portant sur l'acte d'énonciation lui-même, sont préfixées par un opérateur désignant une attitude propositionnelle du menteur, et non de sa victime. La clause d'énonciation, quant à elle, porte sur l'acte du locuteur également. En cela, le mensonge peut être dit *unilatéral*. Il ne dépend pas de ce que fait, croit, désire ou envisage l'allocutaire pour être caractérisé.

Cela ne signifie nullement, bien entendu, que l'allocutaire n'intervienne pas dans cette définition : il intervient ô combien par ses états épistémique visés, mais uniquement en tant qu'il est conçu par le menteur. Le menteur lui postule des méca-nismes inférentiels, a des intentions sur son maintien dans l'ignorance sur ses propres croyances, des intentions sur ses futures croyances, et pour finir, lui parle. L'unilatéralité du mensonge ne doit pas masquer qu'il s'inscrit dans un procès *dialogique*. La prise en compte de l'allocutaire par le menteur est au contraire essentielle pour que le mensonge soit avéré. Seule la clause portant sur les véritables croyances du menteur ne contient pas le deuxième protagoniste. Les capacités méta-représentationnelles du menteur sont mobilisées dans toutes les autres : le menteur établit sa stratégie en se mettant de multiples façons à la place de sa victime. C'est au demeurant pourquoi l'élaboration et la réussite d'un mensonge exigent une certaine rouerie et le déploiement de facultés intellectuelles étendues, qui ne sont pas indispensables dans bien d'autres actes de langage : l'évaluation des croyances présentes et futures et de la façon dont elles peuvent être révisées par l'allocutaire est une tâche cognitive significativement complexe.

Les croyances et connaissances du menteur comme ses intentions lui sont habituellement explicites : le locuteur est censé y avoir accès en première personne. Mentir implique l'intention de mentir et la connaissance qu'on est en train de mentir. La définition proposée respecte cette intuition, si l'on accepte quelques règles logiques de bon sens sur les opérateurs de croyances et d'intention. Au moment de l'acte d'énonciation, le menteur mentait, il savait qu'il mentait, et il avait l'intention de mentir.

TOPOGRAPHIE DU MENSONGE : DISTRICTS, FRONTIÈRES
ET VOISINAGE

Un vaste champ sémantique

En français, bien des mots et locutions peuvent être rapprochés du mensonge. Très marqué par la langue vernaculaire considérée, ce champ prend en chacune une forme variable mais toujours très étendue. Beaucoup de termes français se rapprochant du mensonge ne sont discernables de lui que par d'infimes nuances, qui renvoient soit aux traits particuliers d'une époque ou d'un auteur, soit aux divers registres de langue : ces variations sont inessentielles, et nous recherchons ce qui se rapproche du mensonge tout en s'en distinguant suffisamment pour ne pas en être simplement un synonyme plus ou moins châtié, populaire, régional, vieilli, familier ou précieux. Ainsi la *menterie*, la *déception* ou la *fourbe*, qu'on retrouve dans la pièce de Corneille *Le Menteur*, la *cassade* ou la *bourde* sont des archaïsmes, tandis que la *salade*, la *carabistouille*, la *calembredaine* ou la *galéjade* peuvent être vues comme des régionalismes ou des nuances liées au niveau de langue.

On peut retenir six critères pour distinguer cette foison de termes : l'intention du locuteur, la temporalité, la gravité, l'éventuel succès du mensonge, son objet, et l'allocutaire. Classons-en quelques-uns selon le critère prédominant dans leur usage.

– Intention du locuteur

Calomnie ; il s'agit d'un mensonge à propos de quelqu'un, de sa réputation, de ses actions... Il est notable qu'il n'existe pas de calomnie sans intention de nuire, pas nécessairement présente dans le mensonge. Il y a des mensonges destinés à protéger quelqu'un, mais il ne saurait exister de calomnie entendue pour être bénéfique à celui qui en pâtit.

Contre-vérité ; une contre-vérité n'est pas nécessairement une fausseté (délibérée). Répondre à quelqu'un qu'il vient d'énoncer une contre-vérité ne revient pas à le traiter de menteur : ce n'est pas forcément intentionnellement que l'énonciateur se trompe. L'expression est cependant plus forte et accusatrice que si l'on se contentait de relever une simple erreur : selon l'accusateur, l'auteur d'une contre-vérité devrait avoir les moyens (rationnels, logiques, par d'éventuelles vérifications élémentaires, etc.) de s'apercevoir qu'il se trompe.

Affabulation ; il s'agit surtout d'un terme de psychologie (si l'on oublie le premier sens, vieilli, de morale à la fin d'une fable). L'affabulateur présente comme étant réel un récit imaginaire, peut-être vraisemblable, mais sans nécessaire intention de tromper.

Bullshit (foutaise, connerie) ; bien que très familier, le terme présente un intérêt certain, décrit dans un essai à succès du philosophe Harry Frankfurt[1]. Dans cet essai, le « déconneur » se distingue du menteur en ceci que la vérité de ce qu'il dit lui est indifférente : il n'a pas l'intention de dire la vérité, ni de la dissimuler – la seule chose qu'il cherche à cacher étant cette intention indifférente. La clause élémentaire du mensonge sur la croyance de la fausseté de ce qu'il dit n'est donc pas remplie chez le « déconneur ».

– *Temporalité*

Parjure ; le parjure fait nécessairement suite à un serment, ou bien a lieu au moment même du serment. « Se parjurer » répond à « jurer ». Le parjure a deux sens : au premier sens, il s'agit de revenir sur un serment préalable : ce dernier n'était pas nécessairement mensonger, et parjurer fait revenir

---

1. H. Frankfurt, *On Bullshit*, Princeton, Princeton UP, 2005. Le livre a été traduit sous le titre *De l'art de dire des conneries*, Paris, 10/18, 2006. Ce n'est pas la traduction utilisée ici.

sur ses paroles passées sans être non plus obligatoirement
mensonger. Au second sens en revanche, le parjure est nécessairement mensonger, la particularité étant qu'il s'agit d'un
mensonge énoncé sous un mode d'engagement vis-à-vis de
celui à qui l'on jure.

– *Gravité*

Canular[1] ; le *Robert* renvoie à « mystification », et par
extension à « blague », « farce » ou « fausse nouvelle ». La
blague ou la farce sont trop imprécisément définies pour réellement évoquer le mensonge, quant à la fausse nouvelle,
encore faut-il que celui qui la propage sache qu'elle est fausse
pour qu'on se rapproche du mensonge, sans quoi le même peut
être simplement victime d'une erreur. Le contraste entre
canular et mystification d'un côté, mensonge de l'autre, semble résider dans cette opinion dépréciative portée sur celui
qu'on s'efforce de tromper : dans le mensonge, rien de tel n'est
a priori préjugé, et l'on peut très bien supposer celui à qui l'on
veut mentir parfaitement incrédule. Canular et mystification
constitueraient ainsi une sous-classe du mensonge, où une
clause supplémentaire portant sur les croyances du locuteur
sur la crédulité de son allocutaire serait ajoutée. Par le sens
premier de « canular », on aurait pu classer ce terme sous la
rubrique concernant les rapports à l'allocutaire.

Une nuance supplémentaire semble cependant s'être
ajoutée à la définition donnée par le *petit Robert*. La traduction que l'on propose généralement à l'anglais « hoax »
est désormais « canular », et plus rarement « bobard », « légen-

---

1. « Canular » est à l'origine un mot issu de l'argot des normaliens. Il a
retrouvé beaucoup de vigueur ces dernières années.

de urbaine » ou « fausse rumeur ». La première phrase de l'introduction du livre qui résume et prolonge la célèbre affaire d'Alan Sokal contre la revue *Social Text* n'est autre que « l'histoire de ce livre a commencé par un canular. »[1] Lorsque Sokal publie son texte « parodique » dans cette revue, on peut qualifier ce geste de canular au sens premier du terme : il vise bel et bien à profiter de la crédulité de ses correspondants, séduits par les termes ronflants utilisés, par le relativisme extrême qu'il y déploie, par les références aux auteurs en cour dans cette revue, et par son statut de physicien enfin. Sokal y ment bel et bien sur le fond de sa pensée, et il écrit le contraire de ses profondes convictions, en particulier dans le champ de l'épistémologie. Mais à cela s'ajoute un autre élément, qui caractérise le canular au sens contemporain : Sokal, sitôt la parution survenue, *évente* la farce. Le canular moderne se pratique ainsi en deux temps : d'abord comme mensonge jouant sur les facilités supposées qu'il y aura à berner un auditoire, ensuite en dévoilant, plus ou moins rapidement, qu'il s'agissait d'un mensonge. Cela le rapproche d'un poisson d'avril.

Gasconnade, *rodomontade*, *forfanterie*, *hâblerie*, *fanfaronnade* ; il s'agit ici davantage d'exagérations ou de vantardises, qui ne sont pas nécessairement mensongères. De la même manière qu'une *galéjade* marseillaise ne vise pas à proprement parler à convaincre l'auditoire de sa vérité, le Rodomont est un personnage ridicule qui enfle son discours, sans réellement pouvoir être dit menteur.

---

1. A. Sokal et J. Bricmont, *Impostures intellectuelles*, Paris, Odile Jacob, 1997, p. 12.

– Succès ou échec du mensonge

Duperie, tromperie, truanderie; ces notions supposent souvent le mensonge. Mais avec une connotation très particulière : un mensonge ne comprend pas dans sa définition même son succès. Or, la tromperie ou la duperie présupposent une certaine conséquence effective sur l'allocutaire d'un mensonge. On ne dira pas « vous me dupez » ou « vous me trompez » à quelqu'un qui ment, mais à la rigueur « vous *cherchez à* me duper ». *Être la dupe* de quelqu'un, c'est être quelqu'un à qui l'on a menti avec quelque succès. La duperie ou la tromperie ne sont que des sous-espèces de mensonges, de ceux qui réussissent au moins temporairement.

– Objet du mensonge

Usurpation (d'identité, de titre) ; ce mot appartient principalement au registre juridique, et recouvre un sous-ensemble de mensonges. L'usurpateur d'identité, en prenant la place d'autrui, ment *sur* sa véritable identité. L'usurpateur d'un titre, d'un trône, ment *sur* sa véritable nature ou fonction. Il en va de même pour la *falsification*.

Imposture[1] ; par l'imposture, on usurpe une fonction, un caractère, des compétences voire un titre. On se prévaut mensongèrement de quelque chose qu'on serait ou qu'on saurait faire. Le livre de Sokal et Bricmont ne vise pas à traiter certains intellectuels d'imposteurs *en tant* qu'intellectuels, mais pour leur prétention à parler de thèmes qu'ils ne

---

1. Au sens classique, « imposture » est synonyme de « calomnie ».

maîtrisent pas, tel le théorème de Gödel ou l'axiome du choix [1]. Le Tartuffe de Molière est l'imposteur archétypal.

– *Allocutaire*

Mystification ; la mystification se rapproche très nettement du mensonge, en ce qu'elle revient à des « actes ou propos destinés à mystifier quelqu'un, à abuser de sa crédulité » selon le *petit Robert*. L'accent est donc mis sur l'allocutaire : c'est en jouant de ses insuffisances (de sa crédulité) qu'on tâche de le tromper.

Charlatanerie ; comme pour la mystification, c'est en jouant sur les insuffisances et la crédulité supposées de l'allocutaire qu'un charlatan officie. « Persuasion subtile & artificieuse de quelque chose qui est prejudiciable à celuy qui l'écoute.» définit Furetière, insistant sur celui à même d'écouter de telles fadaises.

Parmi d'autres façons stratégiques de duper, une forme de tromperie, que l'on aurait tendance à qualifier *a priori* de mensongère, est résumée par la locution « *plaider (ou prêcher) le faux pour savoir le vrai* » notée PFSV par la suite. Les verbes présents dans la locution indiquent les registres d'où elle émane : celui de la plaidoirie d'avocat ou de procureur, ou celui du sacrement de confession du point de vue d'un homme d'Église. Le *Trésor de la Langue Française Informatisé* définit la locution ainsi, à l'entrée « plaider » : « *dire à quelqu'un quelque chose de faux pour l'amener à réagir et à dire la vérité, à dévoiler sa pensée.* » Soulevant le même problème que lors de la Définition 0 du mensonge, la définition du TLFI

---

1. Dans un domaine connexe, voir M. de Pracontal, *L'imposture scientifique en dix leçons*, Paris, la Découverte, 2001.

présente l'inconvénient de faire intervenir directement la fausseté, sans recours à un quelconque opérateur épistémique, à cette nuance qu'un opérateur de croyance de l'allocutaire est présupposé dans l'expression « dévoiler sa pensée », et qu'un opérateur de connaissance du locuteur est explicite dans la locution même : il s'agit pour ce dernier de *savoir le vrai*, c'est-à-dire ici de savoir ce que croit en fin de compte son interlocuteur. Or, dans le cas de cette locution, la première précision passée sous silence est d'importance : pour qui la chose en question est-elle vue au départ comme fausse ? Pour le locuteur ou l'allocutaire ? La stratégie que dépeint cette locution ne peut reposer que sur des croyances du locuteur, puisque c'est une stratégie que lui-même élabore. Mais cela ne dit pas encore sur quoi portent ces croyances. Ce contenu de croyance est-il assimilable au contenu propositionnel de ce qu'il plaide (ou prêche) ? Le procureur mettant en pratique cette stratégie possède des croyances sur ce que croit l'accusé, et lui assène telle sentence afin de l'inciter à un *démenti* ou une dénégation, ce qui le fait tomber dans le piège stratégique dressé. Mais quelle est au fond l'attitude épistémique du pro-cureur à l'égard de la sentence qu'il profère ? La réponse est simple : *peu importe*. Il est *indifférent* que le procureur croie ou non que ce qu'il dit, dans le cadre de sa stratégie, soit vrai ou faux, le seul but étant non de faire éclater la vérité de la proposition, mais de rendre publique la croyance de l'accusé en la vérité de la proposition. Les dialogues socratiques offrent maints exemples de cette stratégie. Dans le cours de la maïeuti-que, il n'est pas essentiel que Socrate croie ou non en la vérité de ce qu'il propose à son interlocuteur (ou plutôt, à sa victime) à tel moment précis de l'argumentation. L'objectif est plus lointain, souvent de manière à placer autrui devant ses contra-dictions et pour le faire, comme naturellement, accoucher de ses ultimes pensées qui, elles, indiqueront la vérité et correspondront, on peut le supposer, à ce que croit Socrate à l'issue du dialogue. L'indifférence à la vérité de la proposition dans la stratégie PFSV est nettement plus discutable dans le cas du prêtre, du moins dans les cas idéaux. Il n'en reste pas moins que, contre le sens commun, cette locution n'entraîne *pas nécessairement* une référence à un quelconque mensonge, en ceci que les conditions nécessaires de caractérisation du mensonge ne sont pas réunies : il peut exister des cas de mise en œuvre de cette stratégie où le stratège croit en la vérité de ce qu'il dit.

Un peu plus formellement et pour illustrer cette possibilité, posons comme précédemment que I est le locuteur et le stratège de PFSV, J l'allocutaire, et p la proposition énoncée dans la mise en œuvre de la stratégie. On se place dans le cadre élémentaire où il s'agit d'établir l'énonciation de non-p par l'allocutaire après celle de p par le locuteur. Plaçons-nous dans le cadre d'un procès ou d'un interrogatoire. J est supposé être le coupable d'un crime : on a retrouvé le cadavre d'un homme, dans son bureau au coffre-fort éventré. L'enquête a prouvé que la (supposée) richissime victime ne gardait jamais d'argent dans son coffre, et l'on peut supposer que le criminel est reparti bredouille. L'interrogateur I est persuadé que J est le coupable du crime, tandis que J est soupçonné par I de s'être abusé sur la fortune de sa victime après avoir constaté qu'il n'y avait rien à voler. Lors des interrogatoires préliminaires, J a affirmé ignorer jusqu'au nom de la victime, sans parler de l'état hypothétique de sa fortune. Pour le confondre, I veut le placer devant ses contradictions :

I : La victime était très fortunée…
J (du tac au tac) : Absolument pas, il était ruiné !

La proposition p revient à "la victime était riche". I croit que p est vraie. I croit que J croit que p est fausse. L'intention de I est que J révèle les croyances qu'il lui impute, qui sont compromettantes car contradictoires avec ses précédentes déclarations. I croit que cette intention sera comblée s'il énonce p à J. I énonce p, et croit que p : il ne ment donc pas, puisqu'il ne respecte pas les conditions nécessaires et mini-males du mensonge. En revanche et sans distorsion de langa-ge, il prêche bel et bien le faux – le contraire de ce qu'il croit que J croit vrai – pour savoir le vrai – le contenu de croyance de J, qui se trouve de manière contingente être faux selon I. J apportera certes un *démenti*, une dénégation, un déni aux paroles de I, du moins c'est ce qu'escompte I, mais ces termes ne doivent pas faire supposer qu'on a eu affaire à un mensonge préalable de la part du premier locuteur, même en se plaçant du côté de celui qui dément. I croit que J atteste ses mensonges antérieurs en le démentant, mais lui-même n'a pas menti en le poussant au démenti. Le « faux » de la locution est à interpréter ici en tant que raccourci : il condense la fausseté selon le locuteur de la croyance de l'allocutaire. Le « savoir du vrai » qui en résulte n'est qu'une formule abrégée et trompeuse : le résultat en est un savoir portant sur les croyances dissimulées mais mises au jour de J, croyances dont le contenu est faux selon I dans cet exemple de stratégie ici non mensongère.

Stratagèmes militaires dans les champs immatériels

Dans un registre englobant des notions telles que désin-formation, intoxication, voire propagande, il existe toute une classification de ce que les stratèges militaires nomment les « opérations dans les champs immatériels », les « opérations d'information » et les « opérations militaires d'influence », ou tout récemment les « actions sur les perceptions et l'environnement opérationnel » dont la fonction est de coordonner parmi d'autres les « actions sur l'information » et les « actions de communication »[1]. En première analyse, on pourrait être tenté d'assimiler certaines d'entre elles à des pratiques mensongères. Ces manœuvres trouvent souvent un équivalent dans certaines tactiques animales : la technique du phasme est proche du camouflage, celle du chat guettant sa proie avec apparente nonchalance ressemble à de la diversion pour assoupir l'ennemi, etc. Mais la conclusion ne peut être la même que pour les animaux non humains. La conception de stratégies militaires exige au contraire de soutenues capacités méta-représentationnelles, déjà allusivement évoquées dans les ouvrages classiques de Sun-Tzu, Machiavel ou Clausewitz ; reste à savoir lesquels, parmi ces éléments de stratégie, peuvent être dits mensongers sans abus de langage.

Le général Loup Francart a consacré un ouvrage à ce qu'il nomme *La guerre du sens*[2]. Dans le chapitre intitulé *La mystification*, Francart s'essaie à une classification des actions militaires qui visent à « faire en sorte que l'adversaire conçoive une stratégie ou une manœuvre qui va l'amener à sa perte alors qu'il est convaincu qu'elle va l'amener au but recherché » (p. 183). Ces actions sont regroupées sous le vocable « mystification » et doivent être classées en fonction de divers critères. Parmi ceux-ci, selon lui, « tromper constitue un des aspects de la mystification ». L'autre « aspect » consiste en les stratagèmes, qui sont les moyens par lesquels on *surprend* l'ennemi. Si l'on accepte cette définition des

1. *Doctrine d'emploi des forces*, DIA-01, CICDE, juillet 2011.
2. L. Francart, *La guerre du sens*, Paris, Economica, 2000.

stratagèmes, ceux-ci n'ont pas de raison d'être mensongers. L'auteur d'un stratagème profite d'une certaine inattention, ou met à profit ce qu'il sait des connaissances de l'adversaire, mais il n'est pas nécessaire pour cela qu'il lui donne une information contraire à ce qu'il croit. Les conditions élémentaires nécessaires du mensonge n'ont pas à être réunies. Ainsi, le stratagème du cheval de Troie n'a rien de mensonger, mise à part la feinte levée du siège de la ville : les Achéens surprennent les Troyens en abandonnant le cheval aux portes de la ville (et en feignant le départ), puis les surprennent à nouveau une fois que le cheval est introduit dans la cité, mais il n'y a rien de mensonger dans cette manœuvre.

Reste donc la tromperie, qui à son tour se décompose en différentes manœuvres. Voici la manière dont Francart établit sa taxinomie de la tromperie (les termes utilisés sont de lui) :

	déception	intoxication	désinformation
	vérité objective	vérité subjective	vérité informationnelle
Suppression	détruire, dissimuler une manœuvre	détruire, faire disparaître	démentir, nier, omettre, cacher, désapprouver
Déformation	camoufler, augmenter	déformer, falsifier	contester, mélanger vrai et faux, modifier, grossir, diminuer
Création	leurrer, simuler une manœuvre	faire des faux	approuver, créer, ajouter, susciter

Les variétés de la tromperie (d'après Francart, p. 187)

Selon Francart, dont nous ne discuterons pas la terminologie sur ce point, même si elle nous semble très contestable, la vérité *objective* est l'existence d'une chose réelle et vérifiable, la vérité *subjective* est la compréhension de la réalité, et la vérité *informationnelle* est celle qui résulte d'une information communiquée par autrui. Transversalement, trois grandes familles d'actions permettent d'agir dans le champ de chacun de ces axes de vérités : le belligérant peut au choix supprimer, déformer, ou créer les éléments qui sont situés sur ces axes. La déception, qui est censée agir sur la vérité objective, recouvre les activités de *simulation* et *dissimulation*[1]. Les actions de camouflage sont un bon exemple d'activité de dissimulation, tandis que le leurre est un exemple de simulation. La désinformation telle que définie par Francart consiste à manipuler l'information « dans le but de donner une compréhension fausse de la réalité » (p. 209). L'intoxication est sans doute le concept le moins clairement défini, sinon de manière imagée. Elle a pour cible « la pensée de l'adversaire, agissant comme un véritable poison qui intoxique l'organisme » (p. 201).

Il reste que quel que soit le type de vérités envisagé par Francart, toutes ces actions ont en commun d'influencer intentionnellement les connaissances de l'adversaire à son propre avantage. Mais cela ne passe pas nécessairement par la transmission d'une information que le trompeur croit fausse. Le cas de la suppression est exemplaire de cette absence de nécessité : il peut se faire que, lors de la dissimulation d'une manœuvre ou la destruction d'éléments décisifs, le trompeur ne transmette précisément nulle information à son adversaire. Si l'on voulait absolument trouver un équivalent à cette classe d'actions dans celle des mensonges, il faudrait peut-être parler de mensonge *par omission* tout au plus. La classe des actions visant à la création est en revanche beaucoup moins ambiguë : le leurre ou la production de faux documents, destinés à passer

---

1. L'opposition simulation/dissimulation se trouve dans les doctrines et glossaires militaires en usage, par exemple dans ceux de l'OTAN. On trouve cette opposition dès 1625 dans l'essai de Francis Bacon, *Of Simulation and Dissimulation*.

pour des indices fiables de la réalité du théâtre d'opérations, constituent sans doute des actes mensongers. La classe des actions de déformation est beaucoup moins aisée à discriminer. Le camouflage d'un char en marron et vert pour qu'il se fonde dans la nature est comparable à quelqu'un qui garderait le silence ou se cacherait derrière un arbre. Ne transmettant aucune information à son allocutaire, il ne peut apparemment être dit mensonger. Mais le camouflage d'une caserne par le dessin d'une croix rouge sur son toit pour éviter les bombardements est comparable à une forme d'imposture, elle-même mensongère.

La classification des actions de tromperie militaire que propose Francart n'est pas adéquate pour notre objet, car s'y mélangent des actions qui supposent la *communication* d'une information à l'adversaire et d'autres qui au contraire l'interdisent, sans que ce critère soit pris en compte dans l'établissement de la taxinomie. À ce titre, ce qu'il nomme « tromperie » (abusivement, puisque comme on l'a vu, la tromperie sousentend un certain rapport au succès potentiel du mensonge) peut s'apparenter à une certaine catégorie de mensonges, sans que toute tromperie soit mensongère. Pour clarifier ce point essentiel dans la définition du mensonge, la redéfinition de termes comme « désinformation » s'avérera nécessaire, et la question sera évoquée dans le commentaire du texte de Williams.

Deux cas extrêmes de mensonge potentiel

La plupart des questions abordées jusqu'ici illustrent comme il peut être ardu, voire litigieux, de définir le mensonge, tant est floue la notion de départ et pourrait prêter à opinions divergentes. Encore plus litigieux sont le mensonge par omission et le mensonge à soi-même.

– Le mensonge par omission

La locution « mensonge par omission » peut sembler étrange, quoiqu'elle soit d'usage fréquent. Comment pourrait-on mentir sans rien dire au sujet de l'objet du mensonge ? Plus paradoxal encore, comment pourrait-on, lors d'un acte de langage, ne pas être en train de ne pas dire quelque chose que l'on tient pourtant pour vraie, et par conséquent mentir par omission aussi fréquemment qu'on s'exprime ? Nul ne passe son temps à exposer la totalité de ses croyances et connaissances à chaque fois qu'il prend la parole, mais omettre une seule d'entre elles ne constituerait-il pas un mensonge par omission caractérisé ?

Le *Trésor de la langue française* propose la définition suivante : « (Action de) taire la vérité, (d')empêcher qu'elle ne soit révélée en gardant le silence. » À la différence des définitions simples du mensonge tout court, le mensonge par omission fait référence explicite à une intention. On ne saurait mentir par omission sans avoir une idée derrière la tête, sans cacher le plus sciemment du monde quelque chose qu'on aurait dû révéler.

Alors qu'en élargissant la définition du mensonge, on pourrait imaginer que certains actes non verbaux soient mensongers, qu'est-ce qui pourrait ressembler à un acte non verbal mais qui mériterait le nom de mensonge par omission ? Si l'on reprend la double définition du TLF, et même en la corrigeant en introduisant l'indispensable opérateur de croyance (action de taire *ce qu'on croit être* la vérité, d'empêcher qu'elle ne soit révélée en gardant le silence), le mensonge par omission devrait avoir lieu dès que l'on se tait, puisqu'on n'exprime alors pas ce qu'on croit être la vérité et qu'on empêche ce faisant que cela ne soit révélé, du moins par soi. En réalité, cette définition est impropre.

À l'origine, le mensonge par omission est un cas particulier du *péché* par omission, lequel «consiste à ne pas faire ce qui est commandé» selon l'Académie. Furetière ajoute dans son dictionnaire que la commission est une «action par laquelle on pèche, on commet quelque faute. On se doit confesser non seulement des péchés de commission, mais aussi d'omission.» Lors de la confession, puisqu'on est *commandé* de confesser les péchés de commission comme d'omission, c'est un mensonge par omission, élément de l'ensemble des péchés par omission, d'oublier l'un d'entre eux. Dans ce cas de figure, non seulement le premier péché, qu'il soit par commission ou par omission, n'est pas absous, mais on en commet un nouveau, par omission cette fois, et c'est lui que désigne la locution de mensonge par omission. La définition de l'Académie souligne un point capital de l'omission en introduisant l'idée de *commandement*; un devoir s'exerçait sur le menteur par omission qui l'a enfreint. Si elle mérite d'être désignée comme mensonge par omission, l'action de «taire la vérité» répond à l'injonction de la dire, sur un point déterminé – comme dans le contexte de la confession ou d'un témoignage au tribunal – et n'est bien entendu pas commise hors contexte ni hors nécessité déontique.

Pierre Bayard, dans son livre *Qui a tué Roger Ackroyd?* [1] dévolu à l'examen critique du célèbre roman d'Agatha Christie, fait plusieurs observations originales sur le thème du mensonge par omission. Dans le chapitre intitulé précisément

1. P. Bayard, *Qui a tué Roger Ackroyd?*, Paris, Minuit, 2002.

Le mensonge par omission, il suggère (p. 57) que le menteur par omission ment certes ce faisant sur certains points en les taisant, mais ment également (et *nécessairement*) à propos de ce mensonge par omission. Plus remarquablement encore, ce mensonge de deuxième niveau est lui aussi accompli par omission. Si l'on imagine en effet que je taise sciemment quelque chose afin de mentir par omission, il serait absurde de ma part de révéler d'une même parole que je suis en train de mentir par omission, à moins de vouloir faire *échec* immédiat à mon mensonge de premier niveau, ou au moins de jeter une certaine suspicion sur l'ensemble de mes propos.

Il est remarquable que le mensonge « usuel », par opposition au mensonge par omission, ne satisfasse pas nécessairement cet axiome qui paraît à première vue constituer une propriété nécessaire du mensonge par omission ; en effet lorsque je mens, rien ne m'oblige à mentir à propos de ce mensonge, à moins que je sois particulièrement insistant – et partant très maladroit : cela ressemblerait à des dénégations formulées *a priori* pour mieux mener mon mensonge d'origine au succès, sur le modèle de : « je t'assure que ce que je viens de dire est vrai ». Ainsi le mensonge par omission se trouverait particularisé au sein du mensonge usuel au moins par cette propriété.

En fait cette apparente particularité du mensonge par omission au sein du mensonge est factice, et l'absence habituelle de dénégations plus ou moins maladroites lors d'un mensonge en est justement l'indice. Lorsque je mens, d'ordinaire je me tais sur ce mensonge et je n'insiste pas sur la véracité du contenu du mensonge afin de donner à mon mensonge toutes les chances de succès. Mais que fais-je d'autre alors que de mentir par omission à propos de mon mensonge ? La singularité du mensonge par omission est ici, et tout au contraire de ce que remarque incidemment Bayard, anéantie. *Tout* mensonge, qu'il soit par omission ou non, s'accompagne généralement de mensonges par omission en cascade, plus ou moins conscients et calculés. Cela découle directement de l'infinité d'intentions de dissimulations du menteur telle que nous l'avons posée dans la Définition 5. Et la véritable propriété générale est donc la suivante : si je mens sur p, alors je mens par omission sur mon mensonge sur p. Si l'on accepte que tout mensonge par omission est également un mensonge, alors de cette propriété on retrouve celle de Bayard : si je mens par omission, alors je mens par omission sur mon mensonge par omission.

Il serait peut-être beaucoup plus juste d'employer « omettre (de dire) par mensonge » plutôt que l'inverse : on se tait sur un point, et c'est en cela que l'on est censé mentir. L'expression d'*omission par mensonge* paraît bien moins énigmatique que celle de *mensonge par omission*. L'omission par mensonge, c'est-à-dire l'omission *respectant les principes et les techniques mêmes du mensonge*, se trouverait ainsi réduite à un cas très particulier d'expression par mensonge, mais qui ne nécessiterait pourtant pas de traitement de faveur dans l'analyse du mensonge : sa seule caractéristique serait de s'appliquer par mutisme – moyen comme un autre de s'exprimer dans certains contextes. On peut parler mensongèrement, crier mensongèrement, chuchoter mensongèrement, pourquoi pas omettre de dire quelque chose mensongèrement ? À ce titre le mensonge par omission devrait pouvoir trouver place dans toute classification générale du mensonge, sans nul traitement dérogatoire.

Mais cette tentation est bien vite à rejeter. L'incidente « dans certains contextes » dans le paragraphe précédent est en fait essentielle. De quel type de contexte s'agit-il lorsque l'on ment par omission, est-il même comparable au contexte nécessaire de mensonge ordinaire? Imaginons pour l'illustrer un interrogatoire : l'interrogé peut certes mentir dans sa réponse, mais s'il se contente de se taire, parlera-t-on d'un mensonge par omission? Pour qu'il y ait mensonge par omission, il faut justement qu'il y ait au moins parole. Sauf à admettre la validité de l'adage douteux « *Qui ne dit mot consent* », l'accusé qui se tait n'exprime rien et ne risque pas de mentir.

Guy Durandin affirme[1] que « nombre de personnes estiment que le mensonge *par omission* ne constitue pas à proprement parler un mensonge. Or il est vrai que le fait de ne pas parler d'une chose est un mensonge moins spectaculaire que celui qui consiste à présenter pour vraie une affirmation fausse, mais si l'interlocuteur ne se doute pas que la vérité lui est dérobée, le résultat sera exactement le même. » Mais c'est encore une fois confondre mensonge et éventuel mensonge réussi. Que « le résultat [soit] exactement le même » du fait que le contenu de croyance du locuteur a été « dérobé » à l'allo-cutaire n'implique pas que le mensonge par omission soit bel et bien un mensonge, pas même un mensonge « moins specta-culaire ». Le même résultat pourrait être le même lors d'une affirmation particulièrement vérace, si l'allocutaire a mal compris ou mal interprété ce qu'on lui a dit.

Au reste, dans l'hypothèse où le mensonge par omission serait effectivement un mensonge, on peut se demander quel serait le complémentaire du sous-ensemble des mensonges par omission dans l'ensemble des mensonges tout court, ce qui

---

1. G. Durandin, *Les fondements du mensonge*, Paris, Flammarion, 1972, p. 180.

reviendrait à chercher l'intersection de l'extension de son *antonyme* avec l'ensemble des mensonges.

La question de savoir s'il vaudrait mieux parler d'une omission par mensonge, et même si le mensonge par omission est un mensonge, reste donc peu claire. Mentir par omission consiste, on l'a vu, à *répondre* à une attente (impérative) de la part de l'allocutaire. Ce type d'acte de langage est essentiellement *réactif*, à la différence du mensonge en général, qui peut très bien être introduit dans le dialogue sans que l'allocutaire n'attende rien de cet ordre, ni même aucune parole de la part du locuteur. L'allocutaire engage ou enjoint le locuteur à se justifier, à se confesser, à témoigner, etc., et le locuteur se trouve dans une attitude défensive. Il répond par une proposition q, en voulant mentir par omission à propos de la proposition p qu'il sait fausse et qu'il tait. De même, il ne nie pas la proposition non-p : il évite soigneusement d'aborder ce qui pourrait s'y rapporter[1]. Il sait que non-p est vraie, et il sait ou croit qu'il n'est pas le cas qu'il existe un mécanisme inférentiel chez son allocutaire qui le fasse passer de l'acte d'énonciation de q à la connaissance de non-p. La situation est très proche de celle du mensonge

En acceptant ces clauses, il faudrait faire apparaître en outre l'aspect réactif du mensonge par omission, et introduire l'attente de J à propos de ce qui concerne p (par exemple, si I est censé dresser la liste de ses péchés devant son

---

1. Pour être plus précis, il faudrait faire en sorte que I ne mentionne rien qui ait trait à la proposition p. Mais la formalisation de l'ensemble des propositions ayant un rapport avec une proposition donnée n'est pas simple ; en particulier, il ne suffit pas de dire qu'il s'agit de l'ensemble des propositions contenant p. Toutes les propositions impliquant p devraient aussi appartenir à l'ensemble, or elles ne contiennent pas toutes p.

confesseur J). L'ensemble fait apparaître en quoi le mensonge par omission n'est pas nécessairement un mensonge *stricto sensu*. Notons d'abord que rien n'est dit sur les croyances du locuteur à propos de la vérité de q ; il se peut qu'il mente sur q en mentant par omission sur p, mais il se peut aussi qu'il dise la vérité sur q. Ensuite, le menteur par omission peut souvent se justifier s'il est convaincu de mensonge par omission, et garder une certaine bonne foi.

Il faut en fait introduire une distinction dans l'idée du mensonge par omission. Il y a une différence entre un mensonge par omission et un mensonge *à cause* d'une omission. Le premier est celui qui est décrit en toute généralité ci-dessus, et qui n'est pas nécessairement mensonger. Le second correspond au cas de figure suivant : supposons que le confesseur J de I lui demande de dresser la liste *exhaustive* de tous ses péchés de la semaine. Si I en omet un seul, il ment par omission, mais il ment surtout au sens strict : tout se passe comme s'il affirmait « voici la liste de mes péchés », et les égrenait en en omettant un. L'assertion qui débute ainsi est clairement mensongère, elle respecte toutes les clauses des définitions du mensonge proposées – même si elle respecte *aussi* les clauses de la définition du mensonge par omission à propos de la proposition qu'il tait, ces deux propositions étant nécessairement différentes. De la confusion entre ces deux sortes d'actes de paroles naissent sans doute les hésitations que l'on rencontre lorsqu'il s'agit de définir la locution ou d'en exhiber des propriétés.

– Le mensonge à soi-même

Le mensonge à soi-même, s'il est un mensonge au sens usuel, doit tomber sous le coup des définitions qu'on en a proposées selon la variété de mensonges à laquelle il appartient. Il correspond à une forme dégénérée de mensonge, où locuteur et allocutaire sont un seul et même individu (si l'on exclut les cas pathologiques de personnalités clivées…).

S'il existe quelque chose comme le mensonge à soi-même, et si cette chose appartient bien à l'ensemble des mensonges, alors la Définition 5-f devrait pouvoir en rendre compte, et de façon très simple : il doit suffire de poser I = J dans chaque clause de la définition. Nous aurions donc la caractérisation suivante :

I ment à lui-même à propos de p si et seulement si : (1) I croit que non-p, (2a) I croit que s'il se dit que p, alors il croira que f(p) *ou* (2b) I croit qu'il croit que s'il se dit que p, alors f(p), (3) I a l'intention de croire que f(p), (4) I se dit que p, (5) I a l'intention de croire qu'il croit que p, (6) I a l'intention de ne pas croire qu'il a l'intention de croire qu'il croit que p.

Certaines clauses, prises isolément, ne posent aucun problème particulier. Ainsi, I peut très bien croire ou savoir que p est fausse (clause 1). Il peut également sans difficulté se dire à lui-même, en son for intérieur ou à part soi, « p est vraie » (clause 4). Mais d'autres clauses semblent tout à fait douteuses. La deuxième clause, qu'on a appelée celle de postulat d'un mécanisme inférentiel dans le cas où le mensonge engageait deux agents distincts, se traduit par quelque chose comme « je sais que si je me dis que p est vraie, je finirai par croire que f(p) est vraie ». Cela ressemble à ce qu'on appelle familièrement la méthode Coué, ou encore à ce que les anglophones nomment du *wishful thinking*. L'agent pense qu'à force de se répéter une proposition, il va finir par croire en une certaine proposition, fonction de la première proposition. Ajoutée à la clause 1, cette clause stipule qu'à force de se répéter quelque chose *qu'il sait être faux*, cela va influer sur ses connaissances. Les quatre premières clauses à présent prises ensemble posent que non seulement l'agent recourt à la méthode Coué, mais qu'il a l'*intention qu'elle porte ses fruits* ; la clause 3 indique en effet que l'agent a bien l'intention de croire que f(p) est vraie. Il s'agit ici de la description d'un mécanisme d'auto-persuasion, enclenché délibérément par l'agent, de manière à provoquer, *de son propre chef*, la révision de ses croyances (passage de la clause 1 à la clause 3).

Après tout, même s'il s'agit ici d'une question psychologique, l'auto-persuasion est un phénomène non seulement plausible, mais qui a sans doute fait ses preuves chez tout un chacun. Si l'on s'en tenait à la Définition 3 du mensonge, avec identité entre locuteur et allocutaire, le mensonge à soi-même se résumerait à ce schéma somme toute concevable. Il indique que la puissance du verbe peut modifier voire abolir, délibérément, les croyances et connaissances préalablement ancrées dans sa propre base de connaissances. Mais c'est sans conteste la conjonction des clauses réunies sous la cinquième étiquette qui fait apparaître une dissonance cognitive, voire une impossibilité logique, chez l'agent. La clause introduite à l'occasion du passage de la Définition 3 à la 4 indique que l'agent a l'intention de ne pas savoir qu'il sait que p est fausse : elle traduit que l'agent a l'intention d'effacer cette croyance originelle de son esprit, ce qui est conforme à la politique de révision des croyances qu'il met en œuvre dans son entreprise *à la Coué*. Mais ce n'est pas tout : cette intention de premier ordre doit à son tour être effacée au nom d'une intention de deuxième ordre (première étape du passage de la Définition 4 à la Définition 5). La clause 5 stipule que le menteur à soi-même doit comme *effacer ses traces* derrière lui pour se convaincre que f(p) est vraie.

De surcroît, l'exégèse présentée ci-dessus est biaisée. Dans le mensonge engageant deux agents, la conjonction des clauses 1-5 est *actuelle*. Toutes les croyances et intentions du menteur sont réalisées *actuellement* pour qu'on puisse qualifier son acte de langage de mensonger, sans que l'une soit censée abolir ou modifier l'autre. Il n'y a pas d'ordre temporel déterminé pour que l'on puisse dire que l'un des états mentaux du menteur précède l'autre. Or, pour tenter de rationaliser la conjonction des clauses dans le cas où I = J, cette interprétation est forcée par une notion de temporalité, traduite par le vocabulaire de la révision des croyances, qui n'est pas présente dans les diverses définitions du mensonge. Ainsi, l'agent qui se ment à lui-même doit aussi bien faire coexister la croyance que non-p est fausse *et* l'intention de savoir qu'il croit que p. Cette intention doit à son tour s'accommoder du fait qu'elle doit rester intentionnellement méconnue du locuteur par dissimulation *à* soi-même d'intention *de* soi-même. Il surgit une difficulté considérable qui confine à l'impossibilité.

Dans *L'être et le néant*[1], Sartre aborde la question du mensonge à soi-même à l'occasion d'un célèbre passage sur la mauvaise foi. Dans son étude de ces notions, Sartre souligne les mêmes difficultés que certaines de celles que nous avons exposées :

> Souvent on assimile [la mauvaise foi] au mensonge. On dit indifféremment d'une personne qu'elle fait preuve de mauvaise foi ou qu'elle se ment à elle-même. Nous acceptons volontiers que la mauvaise foi soit mensonge à soi, à condition de distinguer immédiatement le mensonge à soi du mensonge tout court. [...] L'essence du mensonge implique, en effet, que le menteur soit complètement au fait de la vérité qu'il déguise. (p. 83)

1. J.-P. Sartre, *L'être et le néant*, Paris, Gallimard, 1943.

Or, « le menteur a l'intention de tromper et il ne cherche pas à se dissimuler cette intention ni à masquer la translucidité de la conscience » (*ibid.*) En d'autres termes, l'introspection d'un menteur sur ses intentions de tromper interdit qu'il lui soit possible de se mentir à lui-même puisqu'il a également accès au contenu de ses connaissances, à moins qu'on n'entende le mensonge à soi dans une tout autre acception que le mensonge tout court. L'argument sartrien s'approche du précédent, à ceci près que l'intention de tromper, *essentielle* au mensonge, n'est pas mentionnée.

Sartre souligne que le problème du mensonge à soi-même vu comme un mensonge survient du fait que les croyances de l'agent menteur sont censées être possédées sans succession temporelle :

> celui à qui l'on ment et celui qui ment sont une seule et même personne, ce qui signifie que je dois savoir en tant que trompeur la vérité qui m'est masquée en tant que je suis trompé. Mieux encore je dois savoir très précisément cette vérité *pour* me la cacher plus soigneusement – et ceci non pas à deux moments différents de la temporalité – ce qui permettrait à la rigueur de rétablir un semblant de dualité – mais dans la structure unitaire d'un même projet. (*ibid.*, p. 84-85)

Nous ne pouvons recourir à l'idée de révision des croyances qui permettraient de faire vivre des croyances contradictoires en un même individu, mais à des instants différents : le (véritable) mensonge, par essence, exige que ces croyances soient entretenues simultanément, « dans la structure unitaire d'un même projet ».

La tentation immédiate, pour surmonter ce problème, consiste à recourir à des structures de connaissances semi-opaques les unes aux autres dans un même individu, afin que

les connaissances ne soient plus contradictoires puisque déte-
nues par des entités différentes. Le freudisme et ses variantes
offrent tout naturellement cette solution de repli : l'inconscient
semble tout désigné pour jouer le rôle du véritable menteur au
Moi conscient, de sorte que le mensonge à soi-même ne serait
autre qu'un mensonge tout court, où locuteur et allocutaire
trouveraient un équivalent dans les entités postulées par la
psychanalyse. Mais Sartre argumente avec justesse que cette
solution n'est pas davantage satisfaisante, car le problème se
trouve alors seulement déplacé au niveau de l'instance de
censure de l'inconscient, qui est censée savoir à la fois ce qui
est vrai et ce qui ne l'est pas. À l'interface de la conscience
et de l'inconscient, la censure vue comme « ligne de démarcation avec douane, services de passeports, contrôle des
devises, etc. » [1] entre forcément en connaissance avec ce que
l'inconscient essaie de faire passer pour vrai aux yeux de la
conscience tout en sachant que cela est faux. Le recours à ces
entités, du fait qu'elles doivent malgré tout entrer en contact
par l'intermédiaire omniscient de leur point de rencontre, ne
permet pas de ranger le mensonge à soi-même dans la catégorie des mensonges, puisqu'on en serait réduit aux mêmes
absurdités de coexistence d'intentions et de connaissances
contradictoires.

Davidson s'est lui aussi intéressé à ce problème, quoique
sous un angle différent. À travers son analyse de ce qu'il
nomme la *self deception*, il est amené à la distinguer et de la
mauvaise foi au sens de Sartre, et du mensonge, et de
l'interprétation freudienne. Schématisée, la *self deception*

---

1. J.-P. Sartre, *L'être et le néant*, *op. cit.*, p. 85.

consiste en le paradoxe suivant[1]. Un agent croit que p, pour de bonnes raisons. Mais il désire que p soit cependant fausse, ce qui le conduit à croire que non-p est vraie. Davidson (1991) prend l'exemple d'un homme qui voit sa calvitie croître, mais qui désire, par réaction à cette connaissance, que cela soit faux. À force de ce désir, il en vient à croire qu'il ne se dégarnit pas tant. En définitive, c'est le fait que l'agent croie qu'il perd ses cheveux qui cause la croyance qu'il ne les perd pas. Dans la conception causale des états mentaux que défend Davidson, le désir de croire que non-p est une cause non rationnelle de croire que non-p est vraie, parce qu'elle n'est pas une « bonne raison » de croire que non-p. Ce paradoxe de l'irrationalité est dissous par Davidson par le recours, là encore, à la subdivision de l'esprit en deux sous-systèmes qui adoptent ou refusent telle croyance de manière plus ou moins autonome l'un de l'autre. En cela, il pourrait sembler que Davidson se rapproche de l'explication freudienne, faisant intervenir deux instances presque opaques l'une à l'autre, et pouvant par là entretenir des croyances contradictoires. Mais Davidson soutient que les causes non rationnelles ne sont pas inconscientes : pour lui, il n'est pas question de reléguer ces causes dans une hypothétique sphère inconsciente munie de ses lois propres. Implicitement, Davidson recourt à la notion de connaissance tacite, à un « niveau mental subintentionnel » (Engel 1996, p. 251), qui n'apporte aucune sorte de validation à l'inconscient psychanalytique.

1. Voir D. Davidson, *Duperie et division*, *op. cit.* Voir aussi P. Engel, *Philosophie et psychologie*, Paris, Gallimard, 1996, p. 250 *sq.*, et P. Engel, « Dispositions à agir et volonté de croire », dans *Subjectivité et conscience d'agir*, H. Grivois et J. Proust (dir.), Paris, P.U.F., 1998.

La *self deception* illustre donc la possibilité de se duper soi-même ; est-ce à dire que dans un cas de *self deception*, on en vient à se mentir à soi-même, dans la même acception qu'on mentirait à autrui ? Dans le même essai, Davidson examine le rapprochement entre les deux notions. Comme vu plus haut, Davidson caractérise les intentions d'un menteur à autrui, en faisant notamment intervenir une intention (de second ordre) que l'allocutaire ne sache pas son intention de premier ordre qui résume la tromperie :

> Il s'ensuit que mentir implique une tromperie d'un certain type, une tromperie relative à la sincérité de la représentation de ce que l'on croit. Il ne semble pas possible de pratiquer sur soi-même cette forme précise de tromperie, car elle exigerait que l'on fasse quelque chose avec l'intention que celui qui a l'intention ne reconnaisse pas cette intention elle-même [1].

La *self deception* n'est donc pas un mensonge que l'on se fait à soi-même, et Davidson ne tente pas d'expliquer ce que pourrait être rationnellement un mensonge à soi-même, en tant qu'il serait *également* un mensonge. « Se mentir à soi-même impliquerait l'existence d'une intention qui se met elle-même en échec, tandis que se duper soi-même oppose intention et désir à croyance, et croyance à croyance » (*ibid.*, p. 56)

Le mécanisme de *self deception* ne peut donc être défini comme un mensonge à soi-même, sauf à considérer que le mensonge à soi-même ne respecte pas les caractéristiques du mensonge. Et en plus grande généralité, le mensonge à soi-même comme mensonge apparaît comme difficilement concevable.

---

1. D. Davidson, *Duperie et division*, *op. cit.*, p. 56.

De ces différents points, mauvaise foi comme *self deception*, il semble impossible de considérer que le mensonge à soi-même, défini d'une façon plausible, puisse être tenu pour un véritable mensonge.

SUCCÈS ET ÉCHECS DU MENSONGE

Qu'est-ce qu'un mensonge réussi ?

Denis Vernant distingue[1] soigneusement deux notions liées au mensonge.

La *véracité* est le fait de dire ce que l'on croit vrai. C'est la dimension interactionnelle qui est en cause, et la question est celle de l'expression, exacte ou mensongère, de la croyance du locuteur, sans qu'on se préoccupe de la vérité ou de la fausseté du contenu de la croyance.

La *véridicité*, quant à elle, s'éloigne de la vérité en ce qu'elle n'établit plus de correspondance entre les faits du monde et les contenus propositionnels. La véridicité est le résultat d'un accord dialogique, qui implique, au niveau interactionnel, que les protagonistes du dialogue reconnaissent leur « consistance » réciproque, et au niveau transactionnel, qu'ils acceptent le jugement d'une tierce personne pour les mettre d'accord sur la vérité (par exemple de l'alphabet des propositions atomiques du monde qu'ils considèrent).

Le mensonge, par sa réussite comme par son échec, correspond à des cas de figure très particuliers :

---

1. D. Vernant, *Du discours à l'action, op. cit.*

	Véridique	Non véridique
Vérace	Exact	Erroné
Non vérace	Échec du mensonge	Mensonger

Acte d'assertion : réussite et échec (d'après Vernant 1997, p. 73)

Le mensonge échoue si et seulement si le locuteur est non vérace, c'est-à-dire s'il dit une chose (son *dire*) non conforme à sa croyance, et que sa parole est cependant véridique, au sens où son *dit* est « conforme à ce qu'il *sait* de l'état du monde ». « Si, tout en n'étant pas vérace, le locuteur dit quelque chose de véridique auquel il ne croit pas, le mensonge échoue. Le locuteur se trompe alors qu'il croit tromper autrui ! C'est le cas d'échec du mensonge. » (p. 72)

C'est à la croisée des deux notions de véracité et de véridicité, selon que chacune est respectée ou non, qu'est susceptible d'émerger le mensonge. Pour Vernant, il y a mensonge (réussi) lorsque le locuteur n'est pas vérace et que son dit n'est pas véridique. Il le résume en ces termes :

> Ainsi, pour réussir à mentir, il faut non seulement dire le contraire de ce que l'on croit, mais aussi croire quelque chose de véridique. Mentir avec succès, c'est asserter p alors que l'on croit que¬p et que ¬p est véridique. (p. 72-73)

Cependant, comment, compte tenu de la définition de la véridicité, pourrait-on en arriver à dire quelque chose sans y croire et qui serait pourtant véridique ? Si, comme l'écrit Vernant, la véridicité « s'appuie sur un fond de *certitudes* composant une *image du monde* » (p. 65), alors comment pourrait-on en venir à ne pas croire quelque chose qui s'appuie sur ses propres certitudes ? Pourrait-on ainsi ne pas croire à ce que l'on sait avec certitude ?

Le critère de véracité n'est pas en question ici, et pour cause : il correspond à la définition traditionnelle du mensonge que donnent la plupart des dictionnaires. C'est celui de véridicité qui apparaît comme problématique. En voulant se détacher des doctrines correspondantistes entre réalité et discours, on s'écarte par trop de la notion traditionnelle de vérité comme correspondance. En reliant la véridicité à l'état de connaissance des interlocuteurs, l'orthogonalité des concepts de véracité et de véridicité disparaît puisque tous deux se réfèrent à des états épistémiques plus ou moins ancrés et justifiés des agents.

Sans vouloir rendre triviale la distinction entre véridicité et véracité de Vernant, utilisons-la dans une acception plus simple. Désormais, sera dit véridique le locuteur dont les propos sont conformes à la réalité, et vérace celui dont les propos sont conformes à ses croyances. La Définition 0 du mensonge correspond donc à un locuteur non véridique, la Définition 1 à un locuteur non vérace.

Dans le tableau ci-dessus, la case « mensonger » est alors à rebaptiser « réussite du mensonge », car dans la formule « mensonge réussi », la mention de la réussite n'est pas redondante ; il ne s'agit pas d'un critère supplémentaire à la définition du mensonge, à double titre :

1. un mensonge qui échoue reste un mensonge, exactement de même qu'une hypothèse réfutée ne perd pas pour autant son statut d'hypothèse. Mais c'est après tout affaire de grammaire et de convention normative sur les adjectifs épithètes, ce qui est secondaire ;

2. si un mensonge était par définition forcément réussi, alors toute définition de la réussite devra être examinée à la lumière de ce que l'on entend ordinairement par mensonge. Mais c'était précisément pour aider à caractériser le men-

songe que cette définition était indispensable, et voilà que la connaissance *a priori* du mensonge serait à son tour indispensable pour définir l'un de ses critères. Le cercle est bel et bien vicieux, car contrairement au nécessaire va-et-vient entre description et norme dans la tentative de définition du mensonge, la situation est différente ici puisqu'il y aurait *identification* entre mensonge et mensonge réussi, si bien que la réussite ne serait plus un critère de caractérisation mais la caractérisation elle-même du mensonge.

Il semble plus légitime de compter les mensonges échoués au nombre des mensonges, ne serait-ce que pour des questions de caractérisation qui sans cela deviennent insolubles.

Ce problème du mensonge échoué conduit à la suivante : où se termine le mensonge ? Lors de l'énonciation du mensonge ? Lors d'une éventuelle confrontation à la réalité par un tiers ? Lors de la constatation de ses conséquences ? Lors du constat, toujours par un tiers, de son succès ? Toutes ces éventualités sont en fait à retenir, et toutes sont possibles sources d'échec.

Les dimensions de l'échec

Vernant considère l'échec du mensonge sous un angle (ou une dimension) très particulier : il s'agit d'un échec du locuteur par rapport à la valeur de vérité de ce qu'il prononce. « [Cette] analyse est abstraite en ce qu'elle ne fait pas intervenir la réaction de l'allocutaire qui peut ou non ajouter foi à l'acte du locuteur. »[1]

---

1. D. Vernant, *Du discours à l'action, op. cit.*, p. 72, n. 3.

Cette réaction de l'allocutaire constitue à n'en pas douter l'une des dimensions supplémentaires à considérer pour vérifier si un mensonge réussit ou échoue – elle en constitue même plusieurs dimensions – mais même en ajoutant cette dimension, on est fort loin d'avoir épuisé la liste de tous les cas où la frontière entre réussite et échec se dessine.

Ce que révèlent les rapports entre connaissance d'une part, mensonge d'autre part, devrait pouvoir donner des indications sur les capacités cognitives requises chez les interlocuteurs pour que le mensonge soit simplement possible de l'un à destination de l'autre. Supposons que dans les définitions successives du mensonge exposées jusqu'ici, nous remplacions la croyance du menteur par sa connaissance, on remarquera que si l'axiome fondamental noté T fait partie des axiomes qui caractérisent le système épistémique du locuteur, c'est-à-dire, en logique modale, si I sait que p est vraie, alors p est vraie, et si l'on suit le critère d'échec jusqu'ici retenu, alors il ne peut tout simplement pas y avoir d'échec de quelque mensonge que ce soit : tout ce que le locuteur sait est aussitôt vrai, de la même manière qu'il ne peut plus rien y avoir d'*erroné* dans le tableau ci-dessus, il ne peut y avoir de mensonge échoué ; cette situation est la complémentaire d'un menteur ou vérace « professionnels » tel qu'un Crétois du paradoxe du Menteur. Tout menteur dont le système épistémique de connaissance contient l'axiome T ne peut qu'être véridique, par conséquent, le mensonge ne peut échouer selon cette dimension. Inversement, si l'allocutaire est doté de propriétés d'omniscience logique, ou encore si c'est lui dont la rationalité est fondée sur l'axiome T, tout mensonge est voué à l'échec, mais cette fois selon une autre dimension que celle que nous avons examinée jusqu'ici : cet échec dépend de la réaction de l'allocutaire, elle-même basée sur ses capacités épistémiques liées à la caractérisation de sa forme de rationalité.

Avant d'exploiter nos définitions du mensonge, énumérons presque informellement quelques cas d'échecs, qui n'ont pas à voir avec la conjonction véridique/non vérace, et qui ne seront pas davantage considérés dans le cadre de l'exploitation des définitions du mensonge. Revenons à la croyance dans les définitions du mensonge.

– *Échec dans le temps*

Si le locuteur se contredit objectivement juste avant ou juste après avoir menti, son mensonge risque d'avoir une durée de vie si courte qu'on peut dire qu'il échoue. Il en va de même si le menteur est aussitôt et incontestablement *démenti* (par les faits, par autrui, etc.) Les aspects temporels n'ayant été retenus que marginalement jusqu'ici, nous n'en dirons pas davantage.

– *Échec dans l'une des intentions du locuteur*

L'allocutaire peut déjouer une intention du locuteur en ceci qu'il ne réagit pas du tout comme escompté. Le locuteur peut fort bien calculer fautivement les conséquences voulues de son intention une fois réalisée. La stratégie dans laquelle cette intention s'inscrivait s'en trouve alors déjouée, puisqu'une première étape échoue rédhibitoirement.

– *Échec par inconséquence de l'allocutaire*

Le locuteur peut avoir surestimé les capacités de raisonnement de son vis-à-vis.

Supposons que I veuille mentir à J à propos de p, pour qu'il infère de non-p que q est vraie. Supposons en outre que p est vraie. Par ailleurs, supposons que non-p implique q. I affirme que non-p à J, et le mensonge, en un certain sens, réussit : I convainc J que non-p, tout en restant non véridique et non vérace. Mais J étant d'une rationalité encore plus limitée que prévue, ne sait pas pour autant que q : il ne tire pas la conséquence attendue de non-p.

On peut dire qu'il y a échec du mensonge dans ce cas, mais pas pour les raisons d'absence de véridicité adjointe à celle de la véracité. En effet, I est ici dans une situation de non-véridicité puisque ce qu'il asserte, non-p, est faux. Il est également non vérace, puisque ce qu'il asserte est contraire à ce qu'il sait. Dans le tableau de Vernant simplifié, nous devrions donc nous trouver dans un cas typique de réussite du mensonge, mais qu'est-ce qui a réussi au juste, sinon l'acquiescement de J à une prémisse fausse mais accessoire qui devait déboucher, si J savait raisonner correctement, sur la véritable fin du mensonge ?

Inversement, il peut se faire que le locuteur soit non-vérace mais se trompe (et donc qu'il soit véridique), sans que pourtant le mensonge n'échoue. Cette façon d'échouer n'a en fait pas de rapport avec le critère de Vernant : les quatre cas de figure peuvent se rencontrer (réussite ou échec avec ou sans véridicité.)

– Échec par inconséquence du locuteur

À l'opposé, il peut se trouver que ce soit I qui soit rationnellement plus limité que J. Supposons que I veuille, en disant que p est fausse, convaincre J que q est le cas, alors que q est fausse et que I croit que p est vraie. Mais I croit (à tort) que J croit que non-p implique q. J se laisse convaincre que p est fausse : la première étape du mensonge réussit. Mais J est persuadé que q est fausse, et le reste. Le mensonge échoue car I s'est trompé sur les mécanismes inférentielles de sa cible.

On vérifie sans peine la possibilité de l'inverse : un cas de réussite du mensonge qui devrait être classé comme échec dans le tableau précédent. Et l'on conclut de même que précédemment que ces deux critères d'échec ne coïncident aucunement.

Ces deux exemples montrent un échec du mensonge au sens où l'intention *finale* du locuteur se trouve déjouée. Il reste que nous avons défini l'intention mensongère comme étant l'ensemble des premières intentions dans la stratégie globale du menteur. Pour voir les possibilités d'échec de ces intentions, nous nous reportons pour terminer à la Définition 5-f.

Les possibilités d'échec du mensonge selon les définitions

La décomposition du mensonge définie selon Déf. 5-f en trois principales composantes, langagière, épistémique, intentionnelle, permet d'étudier les échecs selon la nature de ces composantes.

Un échec dans la composante *langagière* renvoie à la théorie des actes de langage : il n'est pas question ici de *défaut* dans l'acte de langage, tel que cette notion est introduite pour les composantes de condition de sincérité et préparatoire de Searle, mais d'insuccès. Le locuteur ne parvient pas à accomplir l'acte qu'il visait, pour une raison ou une autre. Cela peut aussi signifier une *insatisfaction* de l'acte de langage [1].

Un échec dans la composante *épistémique* peut prendre plusieurs formes, qui renvoient pour partie au type d'échec selon la classification précédente (menteur véridique et non-vérace). I peut se tromper en croyant que non-p est vraie : il est alors *véridique*, au sens atténué tel que posé. Mais il peut aussi se tromper dans sa connaissance des mécanismes inférentiels

---

1. Pour une explication des conditions de succès et de satisfaction d'un acte de langage, voir en premier lieu John Searle, *Les actes de langage*, trad. fr., H. Pauchard, Paris, Hermann, 1972.

de J. Dans la version comportementaliste, il peut faire erreur sur la « boîte noire » que constitue son allocutaire, et lui soumettre un mauvais « stimulus » en énonçant que p est vraie, en ce sens que J ne va pas croire f(p) pour autant. Dans la version cognitiviste, I peut se tromper sur les connaissances inférentielles de J : J n'a pas forcément le type attendu de rationalité qui le pousse à inférer d'un énoncé une certaine proposition.

Un échec dans la composante *intentionnelle* prend une autre forme encore. La première intention du menteur échoue si I ne parvient pas à faire en sorte que J croie que f(p), à l'en convaincre. La deuxième intention présente dans la définition 4-f, intention de dissimulation de croyance, échoue si l'allocutaire ne croit pas que le locuteur croit que p, ou encore s'il croit que le locuteur croit que non-p. La première clause épistémique est éventée. Enfin, si la dernière clause intentionnelle n'est pas remplie, cela signifie que l'intention précédente échoue : la dissimulation de l'intention du menteur sur les croyances n'a pas fonctionné. I n'arrive pas à cacher à J qu'il a l'intention que J ne croie pas que lui-même croit que p est fausse.

Récapitulons ces possibilités d'échec selon les composantes du mensonge dans la définition 5-f :

	échec de la composante langagière	échec de la composante épistémique			échec de la composante intentionnelle		
description de la possible situation d'échec	insuccès ou insatisfaction de l'acte de langage	I est vérace	erreur de I sur les réactions de J	erreur de I sur les raisonnements de J	échec dans la conviction de J	échec dans la dissimulation de ses véritables croyances	échec dans la dissimulation de ses véritables intentions

Les échecs du mensonge en fonction de ses composantes

Voilà ci-dessus dressé le tableau de tous les échecs possibles du mensonge selon la Définition 5-f. Bien entendu, ces dimensions de l'échec peuvent se croiser : le mensonge peut échouer pour plusieurs d'entre ces raisons ; mais chacune prise isolément suffit à le faire échouer, et d'une manière caractéristique. Ceci confirme au passage que ces composantes sont indépendantes les unes des autres.

CONCLUSION

À partir d'un fort pauvre corpus philosophique et d'une réflexion fondée sur le vague usage partagé du terme, le présent ouvrage a exposé diverses définitions du mensonge, de plus en plus enrichies et restrictives au fil du texte, pour répondre à l'interrogation sur ce qu'est le mensonge. Il faut cependant garder conscience qu'il subsiste des zones d'ombre ; d'autres pistes de réflexion, d'autres concepts à prendre en compte, d'autres discussions existent pour continuer d'y répondre, et le débat reste ouvert dans un certain petit cercle de philosophie analytique contemporaine, où il fait même rage.

En dépit des contestations possibles des définitions successivement proposées ici, ou des nuances, restrictions et amplifications à leur apporter, ces contours dessinés du mensonge ouvrent au moins deux voies potentielles : celle de nourrir la discussion sur le mensonge dans certaines branches de la philosophie (éthique, philosophie de l'esprit, de la connaissance, de la religion parmi bien d'autres), et celle, plus générale, d'usage quotidien de termes plus précis ressortissant au vaste champ sémantique du mensonge, sans forcément s'y rattacher en totalité – et l'exemple de la définition de la désinformation proposée dans le commentaire du texte de Williams en est paradigmatique.

Au-delà de ces perspectives, tout un terrain reste en friche, celui de l'usage *social* du mensonge et de ses modes d'utilisation en collectivités, à circonscrire puis à comprendre. La phrase de Wittgenstein dans les *Recherches philo-sophiques* (§ 249) l'atteste comme elle en guide le labeur à entamer : « Le mensonge est un jeu de langage qu'il faut apprendre, comme tous les autres ». Non seulement la pratique du mensonge est peu à peu acquise, mais sa compréhension est peu à peu conquise, semblable en cela à tout jeu de langage en usage chez nous et nos semblables, une fois apprises et possédées les règles de ce jeu. Pour détourner la phrase de Wittgenstein, le mensonge est un jeu de langage *qui nous instruit*, comme tous les autres.

TEXTES ET COMMENTAIRES

TEXTE 1

AUGUSTIN
Le mensonge*

On peut se demander toutefois – et c'est une question pleine de finesse, – si l'intention de tromper n'existant pas, le mensonge se trouve tout à fait exclu.

Un homme dit une chose qu'il sait fausse. Il la dit, persuadé qu'on ne le croira pas, pour donner le change à son interlocuteur et le détourner par cette défiance d'un projet dont il ne voit pas le danger. Cet homme ment, évidemment, malgré son désir de ne pas tromper, si le mensonge consiste à parler autrement qu'on ne sait ou qu'on ne pense. Mais si le mensonge consiste à parler avec l'intention de tromper, il ne ment pas. Car il dit une chose qu'il sait et juge fausse pour ne pas tromper une personne qui refuse de le croire, en raison, il le sait bien, de sa méfiance à son égard. Il peut donc se faire qu'on parle contre la vérité pour empêcher son interlocuteur de tomber dans l'erreur, comme il arrive, par contre, qu'on lui dise la vérité pour le tromper. Celui, en effet, qui dit une chose vraie, parce qu'il sent qu'on ne le croira pas, trompe en la

* Augustin, *Le mensonge*, traduction de Gustave Combès, revue par J.-M. Salamito, Paris, L'Herne, 2011, chapitre IV, p. 21-24.

disant. Il sait ou pense, en effet, que son interlocuteur la jugera fausse, du fait seul qu'elle vient de lui. C'est pourquoi, en disant le vrai pour faire croire le faux, il commet une tromperie. Toute la question est donc de savoir quel est de ces deux hommes le vrai menteur, celui qui dit une chose fausse pour ne pas tromper ou celui qui pour tromper dit une chose vraie, étant bien entendu que le premier sait et pense qu'il dit faux, comme le second sait et pense qu'il dit vrai. Nous avons déjà dit, en effet, qu'on ne ment pas en énonçant une assertion fausse qu'on croit vraie et qu'on ment plutôt en énonçant une assertion vraie qu'on croit fausse. Car c'est par l'intention qu'il faut juger la moralité des actes.

Mais revenons à ces deux hommes que nous avons mis en avant : ce n'est pas une petite question. Le premier dit une chose qu'il sait ou pense fausse, mais il la dit précisément pour ne pas tromper. Il sait, par exemple, qu'une route est infestée de brigands et il craint que la personne dont il a en vue la conservation ne s'y engage ; mais comme il est sûr qu'elle n'a pas foi en lui, il lui dit que la route n'a pas de brigands, pour qu'elle ne la prenne pas. Car le jugeant menteur, plus il lui dira qu'il n'y a pas de brigands, plus elle croira qu'il y en a. Le second, de son côté, dit une chose qu'il sait ou pense vraie et il la dit pour tromper. Il affirme, par exemple, à la personne susdite qui n'a en lui aucune confiance : il y a sur cette route des brigands. Ils y sont réellement et il le sait. Mais son but est d'amener cette personne à s'y engager et à tomber dans une embûche, persuadée qu'elle est de la fausseté du renseignement. Eh bien, lequel de ces deux hommes a menti ? Celui qui a mieux aimé dire faux pour ne pas tromper ou celui qui, pour tromper, a préféré dire vrai ? Celui qui par un renseignement erroné a fait prendre la bonne route ou celui qui par un avis véridique a fait prendre la mauvaise ? Mais, peut-être ont-ils menti tous les deux, le premier en disant une fausseté, le second en voulant tromper ? Ou plutôt n'ont-ils menti ni l'un ni l'autre, l'un parce qu'il a eu la volonté de ne pas tromper, l'autre parce qu'il a eu l'intention de dire la vérité ? Il ne s'agit pas, en effet, pour l'instant, de savoir qui des deux a péché, mais qui a menti.

COMMENTAIRE

Introduction

Dans la *Doctrine de la vertu*[1], à la section consacrée au *Devoir de l'homme envers lui-même, considéré uniquement en tant qu'être moral*, Kant expose les raisons de réprouver le mensonge. À la fin de ce passage, il examine ce qu'il nomme des questions casuistiques, dont l'une d'entre elles n'est pas sans rappeler les exemples donnés par Augustin :

> Un maître a donné à son domestique l'ordre, au cas où une certaine personne le demanderait, de répondre qu'il n'est pas là. Ce que fait le domestique ; mais il fournit ainsi à son maître la possibilité de s'échapper et de commettre un grand crime qui, sinon, eût été empêché par la garde envoyée contre lui. Sur qui retombe ici la responsabilité (selon des principes éthiques)? Sans doute aussi au domestique, qui a en l'occurrence porté atteinte par un mensonge à un devoir envers soi-même – ce dont les conséquences lui seront dès lors imputées par sa propre conscience morale (p. 287).

À la suite de cette lecture Benjamin Constant ironisera sur un exemple approchant dans son livre *Des réactions politiques*. S'ensuivront une controverse fort âpre entre les

1. Dans *Métaphysique des mœurs*, [1797], trad. fr. A. Renaut, Paris, Garnier-Flammarion, 1994.

deux penseurs, mais aussi un usage romanesque et théâtral que le XXᵉ siècle a particulièrement développé, chez Sartre, chez Camus et d'autres auteurs. Malgré sa nature philosophique, il n'en reste pas moins que cette discussion se cantonne à l'éthique par les tentatives de résolution de dilemmes moraux, et que le mensonge en lui-même reste non défini, même dans les exemples qui l'utilisent. Augustin, dans une même optique finale, prend soin quant à lui de tâcher de définir au préalable ce qu'est le mensonge.

Les cas litigieux de mensonge

Dans le bref essai *Le mensonge* qu'il consacre à la question, Augustin insiste principalement sur les aspects de religion, de morale voire de droit attachés au mensonge, et pour les étudier, la caractérisation même du mensonge est un point préliminaire et essentiel du texte. Il tente de définir le concept par l'étude de cas litigieux, pour parvenir à répondre en casuiste à des questions ardues. Le texte cité ci-dessus s'inscrit dans ce contexte en guise d'introduction et de définition.

Le chapitre III. 3 du *Mensonge* vise à définir ce qu'est le mensonge, en en détaillant d'abord de possibles conditions nécessaires. Cela permet d'écarter du champ du concept certains actes de langage, c'est-à-dire de préciser également ce que n'est pas le mensonge lorsque ces conditions nécessaires ne sont pas toutes remplies.

L'*intention de tromper* est le premier critère mentionné : Augustin écarte les plaisanteries de l'ensemble des mensonges, au motif que « le ton et l'humeur badine de celui qui les lance montrent de la façon la plus évidente que son âme n'a pas la moindre intention de tromper, bien qu'il ne dise pas la vérité » (II. 2). Pour estimer qu'il y a ou non mensonge, c'est donc à l'état d'esprit du locuteur, et ici plus particulièrement à ses éventuelles intentions de tromperie, qu'il faut se référer. Pour anodine qu'elle puisse paraître, la remarque est importante : dire s'il y a mensonge ou non implique de faire appel à des données privées des agents ; on ne peut pas établir le mensonge à partir des seules données publiques, car il faut détenir une estimation de l'état d'esprit, ou pour parler dans un autre vocabulaire, des états mentaux du menteur potentiel. En outre, si la plaisanterie au sens large, comprenant l'ironie, est différenciée du mensonge avec un tel sentiment d'évidence par Augustin, cela autorise à utiliser cette démarcation lors d'exemples douteux de mensonge : l'ironie, ou plus généralement la plaisanterie présente – et l'état d'esprit du plaisantin – permettent de trancher entre mensonge et non-mensonge.

La remarque suivante d'Augustin regarde la différence entre fausseté et mensonge. Il ne suffit pas de dire le faux pour mentir. Si celui qui dit faux croit, ou est convaincu, que ce qu'il dit est vrai, il n'est pas menteur. « Sa parole répond à la foi de son esprit ou à la conviction qu'il s'est faite ; il pense ce qu'il dit. » (III. 3). Ceci conforte, beaucoup plus nettement que ne le faisait Platon, les éléments de la Définition 1 du mensonge posée précédemment. En outre, de même que l'on peut ne pas mentir en disant le faux, on peut mentir en disant le vrai : la seule chose à prendre en compte pour convaincre quelqu'un de mensonge étant le rapport antithétique entre son état d'esprit et le contenu de ses paroles, il peut très bien se faire que le menteur se trompe, c'est-à-dire que son état d'esprit soit dans l'erreur. Le menteur a le « cœur double », en ceci qu'il entretient simultanément des pensées contradictoires avec ses dires, ce que ne fait pas celui qui fait simplement erreur.

À la suite de cette importante distinction, Augustin examine ce qui constitue la faute imputable au menteur. Celui qui se contente de dire le faux parce qu'il croit le faux commet la faute de se fourvoyer sans mentir, mais quelle est la faute supplémentaire commise par l'authentique menteur ? C'est en fait « l'intention de tromper » qui est blâmable, ce qui excluait plus haut la plaisanterie du champ du mensonge. Le *résultat* du mensonge n'entre pas en ligne de compte dans ce blâme : peu importe que le menteur trompe autrui dans les faits, il peut très bien se faire qu'il ne trompe pas par son mensonge, « soit qu'il trompe, en lui disant une chose fausse, l'homme qui croit à sa véracité, soit qu'il ne trompe pas, parce qu'on n'a pas confiance en lui, ou parce qu'il dit une chose vraie, mais qu'il estime fausse, avec l'intention de tromper » (III. 3). On voit ici qu'Augustin établit un partage net entre le mensonge en soi et les conditions de succès du mensonge. Pour lui, la caractérisation du mensonge ne dépend aucunement de son succès ou de son échec, et seule l'intention de tromper permet de discriminer entre ce qui est mensonger et ce qui ne l'est pas. De surcroît, Augustin distingue d'emblée deux variétés d'échecs possibles du mensonge : soit le menteur n'est pas cru, ce qui dépend donc des états mentaux *a posteriori* de son auditoire, soit le menteur se trompe, ce qui dépend d'une vérité indépendante des locuteurs et repose sur les croyances du menteur. Il pose ce faisant la première pierre d'une classification des conditions de succès du mensonge.

La place déterminante accordée généralement presque implicitement à l'intention de tromper impose qu'Augustin y regarde de plus près : pourrait-il malgré tout y avoir mensonge sans intention de tromper ? En dépit de ce qu'il a affirmé précédemment au sujet de la plaisanterie, la réponse à cette question ne lui semble pas aussi évidente qu'au premier abord. Les exemples du texte cité commencent de devenir complexes puisqu'ils font intervenir des croyances de second ordre : des croyances sur les croyances d'autrui (le locuteur croit que l'allocutaire croit qu'il ment). Dans les deux cas de figure dépeints, appelons le premier le *locuteur bienveillant*, qui veut que le pèlerin qu'il renseigne n'emprunte pas la route dangereuse et qui joue sur sa réputation de menteur, et le second le *locuteur malveillant*, jouant sur cette même réputation pour faire tomber le pèlerin dans l'embuscade. Ces deux appellations ne désignent pas encore qui parmi eux est ou n'est pas menteur : leur qualification de menteur reste ouverte. La question de la culpabilité est ici hors de propos : c'est savoir qui a menti, et non qui a péché, qui importe ici.

L'intention de ces deux locuteurs considérés demanderait à être précisée : le premier peut très bien vouloir que son allocutaire tombe dans un péril plus grave en évitant de le tromper d'abord, tandis que le second peut vouloir le tromper afin de lui éviter des maux plus considérables. Que l'intention soit d'aider ou de nuire n'entre donc pas en ligne de compte pour la définition du mensonge, puisque ces deux hommes, accomplissant les mêmes actes de langage dans une circonstance ou l'autre, peuvent en changer. En d'autres termes, la stratégie globale comprenant l'intention ultime du locuteur est ici envisagée dans sa toute première étape qui à elle seule, si l'on considère l'intention élémentaire qui l'anime, suffit pour décider si l'acte de langage associé est mensonger ou non, une fois la notion précisée.

Pour revenir à son effort de clarification conceptuelle et qualifier ce que sont en train de commettre les deux hommes par leurs paroles, Augustin est amené à poser quatre propositions conditionnelles portant sur ce qu'on admet être un mensonge : si mentir c'est parler avec l'intention de dire ce que l'on croit faux, alors le premier ment et pas le second ; si c'est parler avec l'intention de tromper, alors le premier ne ment pas mais le second ment ; si c'est parler pour « donner le change d'une manière ou d'une autre », c'est-à-dire, dans un vocabulaire plus contemporain, si le mensonge est une *disjonction* entre intention de tromper et énoncé d'une chose crue fausse, alors tous deux mentent, « le premier parce qu'il a voulu dire une chose fausse, le second parce qu'il a voulu faire croire une chose vraie » (IV. 4)[1]. Le dernier cas de figure est le suivant : si le mensonge est la *conjonction* de l'assertion d'une chose (crue) fausse et de l'intention de tromper, aucun des deux personnages n'est menteur. Le premier n'a pas l'intention de tromper, tandis que le second n'asserte pas une chose (crue) fausse. Ces quatre possibilités de définition du mensonge rappellent les tables de vérité en logique classique :

	locuteur bienveillant	locuteur malveillant
mensonge =_{Déf} dire une chose (crue) fausse	menteur	non menteur
mensonge =_{Déf} parler avec intention de tromper	non menteur	menteur
mensonge =_{Déf} l'un *ou* l'autre cas	menteur	menteur
mensonge =_{Déf} l'un *et* l'autre cas	non menteur	non menteur

Possibilité de définition de mensonge

On le voit, la question de savoir qui ment dans ces deux cas de figure reste ouverte tant que n'est pas fixée la définition du mensonge. Augustin revient sur ce doute ultérieurement :

> Mais d'abord sont-ils menteurs tous ceux qui n'ont pas l'intention de tromper et n'ont pour but que de sauver de la tromperie leur interlocuteur, en lui faisant une assertion fausse pour lui donner une opinion vraie ? Sont-ils menteurs

---

1. Ici sont sous-entendues les croyances du locuteur : il s'agit d'une chose qu'il *croit* vraie ou fausse, et non d'une chose vraie ou fausse.

tous ceux qui énoncent délibérément une vérité pour induire les autres en erreur ? Il est permis d'en douter. Mais personne ne doute que celui-là ment qui dit volontairement une chose fausse avec l'intention de tromper. En conséquence parler contre sa pensée avec l'intention de tromper est un mensonge manifeste. Mais n'y a-t-il mensonge que dans ce cas, c'est une autre question. (IV. 5)

Dans le tableau ci-dessus, les deux locuteurs ne seraient pas menteurs selon la quatrième définition proposée, ce qui doit être exclu, mais rien ne dit que là soit la seule possibilité de mentir : il se pourrait encore que sous un autre aspect l'un, l'autre, ou les deux soient menteurs. Plusieurs cas de mensonge pourraient ainsi exister, et les trois premières définitions du mensonge pourraient être valables, selon le type de mensonge considéré. Cette interrogation qui subsiste conduit à la tentative de classification du mensonge, qui est entreprise dans le même essai d'Augustin.

En définitive, Augustin ne tranche pas entre ces diverses possibilités de définition, et ce n'est au fond pas l'objet essentiel de son traité : « Nos paroles ne courent aucun risque de tomber sous les définitions que nous venons de faire quand, en pleine conscience, nous énonçons ce que nous savons, pensons ou croyons vrai, sans autre intention que de persuader les autres de ce que nous disons » (IV). Aucune des quatre définitions proposées ne correspond en effet à l'acte de langage respectant cette condition. Ce qui intéresse Augustin au premier chef consiste en la putative présence du mensonge, considéré comme défini sans ambiguïté, de manière à hiérarchiser des types de mensonge selon la gravité qu'ils représentent. Or, si les cas litigieux introduits ne constituent pas l'objet principal du traité, ils nourrissent cependant cette hiérarchie qu'Augustin établit par la suite.

Le classement des mensonges

Huit espèces de mensonge sont définies et classées par ordre décroissant de gravité. La première et la plus rédhibitoirement grave comprend les mensonges à l'égard du dogme religieux, par exemple pour convertir autrui. La deuxième est celle des mensonges qui nuisent à autrui sans rendre service à quiconque, tandis que la troisième est celle de ceux qui nuisent à autrui mais rendent service à quelqu'un d'autre. La quatrième, qu'Augustin qualifie de celle du «mensonge proprement dit» (XIV. 25), comprend les mensonges nés pour le «seul plaisir de mentir et de tromper» : les mensonges gratuits. La cinquième espèce regroupe les mensonges «pour rendre la conversation agréable».

Ces cinq premières espèces sont rejetées inconditionnellement par Augustin; les trois suivantes sont plus subtiles, et nécessitent le déploiement de toute une batterie d'arguments fondés sur les textes sacrés pour justifier qu'elles aussi, en dépit d'une première tentation intuitive, doivent être proscrites. Les sixième et septième espèces de mensonges rassemblent ceux qui ne nuisent à personne et profitent à autrui. Ce qui les distingue consiste dans la nature du profit apporté à autrui qu'un tel mensonge permet : dans la septième espèce, on trouve les mensonges destinés à éviter de livrer un meurtrier ou un innocent recherché pour être mis à mort, tandis que dans la sixième on trouvera des mensonges dont le profit à escompter par celui qui en bénéficie n'est pas question de vie ou de mort, comme lorsqu'on nous interroge pour savoir où est dissimulé l'argent d'un tiers pour se l'approprier injustement et que nous mentons en affirmant ne pas savoir où il est caché. On retrouve le dilemme moral évoqué, à la descendance prolifique. La huitième espèce enfin regroupe les mensonges qui ne nuisent à personne et qui visent à protéger d'un « attentat impur ».

Thomas d'Aquin considère une autre division du mensonge[1], à faire coïncider avec la partition considérée par Augustin. Le mensonge peut être soit officieux, lorsqu'il a pour but de sauver ou d'avantager celui à qui on le profère, soit joyeux, lorsqu'il vise un usage récréatif, soit pernicieux lorsqu'il est fait pour nuire à quelqu'un. Ce découpage, plus fruste que celui d'Augustin, le recoupe cependant.

tripartition de Thomas d'Aquin	octo-partition d'Augustin
pernicieux	1. mensonge doctrinal
	2. mensonge nuisant à quelqu'un sans autre utilité
	3. mensonge nuisant à quelqu'un mais utile à autrui
non classé	4. mensonge par plaisir (par habitude)
joyeux	5. mensonge pour faire plaisir à autrui
officieux	6. mensonge pour ne pas nuire matériellement à autrui
	7. mensonge pour ne pas nuire physiquement à autrui
	8. mensonge pour préserver la vertu d'autrui

Correspondance des partitions de l'ensemble des mensonges

On le voit, la classification des mensonges est ici élargie : l'octopartition s'effectue en fonction des buts, la tripartition en fonction de la faute commise. La classe 4 de mensonge est à part, car elle « ne l'aggrave ni ne le diminue »[2]. Qu'en est-il des deux cas litigieux d'origine, et si les locuteurs sont considérés comme menteurs, dans quelle classe se positionnent-ils dans ce tableau ? Il semble que le locuteur bienveillant commette un mensonge officieux : matériellement ou physiquement,

1. Thomas d'Aquin, *Somme théologique*, *op. cit.*
2. Thomas d'Aquin, *op.cit.*, p. 157.

il ment pour préserver le pèlerin (6 ou 7). Le locuteur malveillant se classerait parmi les menteurs pernicieux : il nuit sans utilité à quiconque (2). Cependant, tant que le contexte n'est pas davantage précisé et que les intentions globales des locuteurs restent inconnues, ces appartenances sont discutables ; *a fortiori* et en amont, la nature mensongère des propos reste elle-même incertaine, car même dans un contexte simple, les clauses introduites dans les définitions précédentes ne sont pas toutes remplies pour pouvoir dire si l'un ou l'autre mentent.

Litiges sur le mensonge au prisme des définitions

À partir des définitions proposées antérieurement et en examinant les clauses qui les composent, il est possible de trancher quant au caractère mensonger de chaque locuteur imaginé par Augustin. Les deux cas litigieux partent du postulat que le locuteur est convaincu qu'il ne va pas être cru. La clause portant sur les mécanismes d'inférence de l'allocutaire est en jeu, qui stipule que le locuteur croit que s'il dit que p est vraie, alors l'allocutaire croira qu'une certaine proposition *à propos* de p est vraie. Ici nous traduisons cet « à propos » par la négation de p, ce qui provient du fait que le locuteur joue sur sa réputation de menteur. De même la clause portant sur l'intention du locuteur sur les croyances futures de l'allocutaire ne varie pas en fonction de la situation : elle est vraie dans les deux cas. Nous pouvons alors dresser le tableau des deux situations en fonction des clauses de la Définition 3-f, avec ici f comme fonction de négation, en notant *a* la route dangereuse (ou crue comme telle par le locuteur), et *b* la route sûre :

	locuteur bienveillant	locuteur malveillant
le locuteur dit que p au pèlerin	p : « *a* est dangereuse »	p : « *b* est dangereuse »
le locuteur croit que p est fausse	V	F
le locuteur croit que s'il dit que p au pèlerin alors celui-ci va croire que p est fausse	V	V
le locuteur a l'intention que le pèlerin croie que p est fausse	V	V
	Mensonge	**Pas de mensonge**

Les cas litigieux d'Augustin au sens 3-f du mensonge

Le locuteur malveillant n'est pas, selon notre définition, menteur, puisqu'il croit ses dires vrais. Cela ne constitue pas réellement une surprise, puisque dès la Définition 1 étaient posées des conditions *nécessaires* du mensonge qui n'ont pas varié dans les définitions ultérieures : pour qu'il y ait mensonge, il faut que le contenu de croyance du locuteur et le contenu propositionnel de l'acte d'énonciation soient incompatibles. Le locuteur malveillant n'est donc pas menteur. Il est en revanche trompeur et compte utiliser une dupe pour arriver à ses fins, mais sans lui mentir.

Le locuteur bienveillant, quant à lui, ment, car *toutes* les clauses de la Définition 3 (ici présentée dans sa variante comportementaliste) sont remplies. Là où Augustin se refusait à trancher, nous pouvons qualifier de menteur au sens 3 le locuteur bienveillant, et à la rigueur de trompeur non mensonger le locuteur malveillant [1].

---

1. Nous verrons dans le commentaire du texte suivant qu'on pourrait qualifier le malveillant de *désinformateur*.

Si l'on ajoute à présent les intentions de dissimulation et que l'on passe de la Définition 3 à la Définition 4 et suivantes, la situation évolue. Le locuteur bienveillant passe pour un menteur chronique. Il est donc vrai que s'il dit que p est vraie, alors on croira qu'il croit que p est fausse. Il ne peut avoir l'intention de rendre fausse cette proposition : elle traduit sa réputation de menteur invétéré sur laquelle il s'appuie pour aider son prochain. Il a l'intention qu'on croie qu'il croit que p est fausse, afin de transmettre la croyance que p est fausse et qu'on emprunte la route sans danger. Le raisonnement est analogue pour le locuteur malveillant.

	locuteur bienveillant	locuteur malveillant
le locuteur dit que p au pèlerin	p : « a est dangereuse »	p : « b est dangereuse »
le locuteur croit que p est fausse	V	F
le locuteur croit que s'il dit que p au pèlerin alors celui-ci va croire que p est fausse	V	V
le locuteur a l'intention que le pèlerin croie que p est fausse	V	V
le locuteur a l'intention que le pèlerin ne croie pas que le locuteur croit que p est fausse	F	F
	Pas de mensonge	Pas de mensonge

Les cas litigieux d'Augustin au sens 4-f du mensonge et suivants

Selon la définition que l'on adopte, le cas du locuteur bienveillant d'Augustin sera considéré comme mensonger ou non. Mais la distinction ne repose pas sur des considérations ayant trait à des intentions ou des objectifs plus généraux du locuteur, engageant un jugement moral sur son acte de langage. Elle repose ici sur l'intention ou non de dissimuler intentionnellement ses croyances, une caractéristique qui n'apparaît qu'à partir de la Définition 4. Quant au locuteur malveillant, toujours non menteur, il reste toujours trompeur comme précédemment, et non menteur puisque deux clauses sont à présent enfreintes.

La tentative de classer les potentiels mensonges des locuteurs examinés dans les classifications d'Augustin et de Thomas d'Aquin se solde par un échec : non seulement la stratégie globale et la chaîne d'intentions des locuteurs restent inconnues à ce stade de récit, ce qui prive de toute connaissance sur les buts finaux recherchés et, partant, sur la classe de mensonge concernée, mais il n'est de surcroît pas dit que ces paroles soient des mensonges, selon qu'on choisit telle définition ou telle autre. Sur ce second point toutefois, la variété de définitions proposées et le plus ou moins haut degré de finesse pour chacune permettent de faire coïncider deux conceptions du mensonge : si l'on accepte telle définition, alors on peut dire de chacun des deux locuteurs s'il est mensonger ou ne l'est pas ; inversement, si l'avis sur l'un et l'autre est déjà tranché, alors telle définition doit être rejetée, tandis qu'une ou plusieurs autres seront tolérées voire acceptées.

TEXTE 2

BERNARD WILLIAMS
*Vérité et véracité, essai de généalogie**

Le locuteur dit : « Marie était à Paris lorsqu'elle a
téléphoné, ou elle était à Rome », et le destinataire en infère
raisonnablement que le locuteur ne sait pas ce qui est vrai des
deux. Mais cette conclusion est extérieure à ce que le locuteur
a dit : ce qu'il a dit sera vrai si un seul des membres disjonctifs
est vrai, qu'il sache lequel ou non. Ce qu'un destinataire peut
ainsi raisonnablement inférer de ce qui est dit par le locuteur
peut le conduire à toutes sortes de conclusions. « Quelqu'un a
ouvert ton courrier », dit-elle obligeamment, et vous, qui lui
faites confiance, comprenez que ce n'est pas le locuteur. Si
vous découvrez que c'était le locuteur, vous devrez reconnaître (fût-ce en serrant les dents) qu'elle avait dit la vérité.
Ainsi, devez-vous encore reconnaître, elle n'a pas menti. Je
veux dire que le mensonge est une assertion dont le locuteur
sait que le contenu est faux et qui est faite avec l'intention de
tromper le destinataire quant à ce contenu. Je crois aussi que
c'est ce que comprennent la plupart des gens par le mot

* Bernard Williams, *Vérité et véracité, essai de généalogie*, traduction de
J. Lelaidier, Paris, Gallimard, 2006, p. 120-122.

« mensonge » ; en dépit d'un usage très relâché chez certains théoriciens, il semble que ce soit clairement sa définition dans l'usage courant. Naturellement, c'est une autre histoire de déterminer avec quel degré d'exactitude un énoncé donné correspond à la définition. Il peut être très douteux, voire indécidable en fait, que le locuteur soit réellement en train de faire une assertion ; ou qu'il sache que ce qu'il dit est faux ; ou qu'il ait l'intention de tromper le destinataire. Il en est notoirement ainsi avec les enfants, qui font leur apprentissage de tout cela et à qui il faut expliquer ce que c'est que mentir, ce qui se fait en partie en leur disant quand il ne faut pas le faire.

Pour toutes ces raisons, il peut être difficile de dire si quelqu'un fait un mensonge. Mais la femme qui parlait du courrier ne disait absolument pas un mensonge encore qu'elle vous eût trompé, induit en erreur, amené volontairement à croire quelque chose de faux. Le contenu de son assertion était vrai : il exprimait une croyance vraie qu'elle avait. Évidemment, l'assertion négligeait de mentionner une autre de ses croyances (en fait un savoir) qui était très étroitement liée à ce qu'elle disait effectivement. La chose est vraie de toute assertion mais, dans ce cas précis, le fait d'en dire autant et pas plus a permis à la femme de vous induire en erreur. Bien qu'elle n'ait pas menti on pourrait ne plus vouloir lui faire confiance. Donc, si la sincérité est la fiabilité du discours, il semble qu'elle doive être plus qu'on ne pensait d'abord, c'est-à-dire la disposition à s'assurer que toute assertion qu'on prononce exprime une croyance réelle. La fiabilité exige plus que d'éviter de mentir et si nous voulons que la sincérité soit la vertu de la fiabilité du discours, il doit y avoir davantage à en dire. Il faut savoir quelles croyances et quelle proportion de ses croyances on va se voir invité à exprimer dans une situation donnée.

Dans le même ordre d'idées, tout se passe comme si la distinction entre le mensonge et d'autres formes de discours qui induisent en erreur ou qui trompent correspondait assez précisément à une distinction faite par la philosophie du langage entre le contenu d'une assertion et ce que Paul Grice appelait « les implicatures conversationnelles », soit les implications d'un locuteur qui choisit de prononcer un acte de langage avec un contenu plutôt qu'un autre. Les implicatures ne sont pas des implications ; si une implication, conséquence de type logique faite à partir de ce que le locuteur a affirmé, est fausse, alors est également faux ce qu'il a affirmé. Or, comme nous l'avons vu, ce n'était pas le cas dans notre exemple où l'interlocutrice, en disant « quelqu'un », suggérait que ce n'était pas elle, ce qui était un exemple d'implicature. Nous avons des intuitions fortes qui se rapportent à ce que quelqu'un a, pourrait-on dire, effectivement affirmé, et ces intuitions ne s'en tiennent pas à ce que désigne le terme technique (ce qu'il est plus ou moins) d'« assertion ». Si on vous demandait à propos de la personne prétendument obligeante et du courrier : « Mais a-t-elle vraiment *dit* qu'elle ne l'avait pas ouvert elle-même ? », vous seriez obligé de répondre que non. Ce qu'elle a dit (au sens de elle *a dit que...*) ou ce qu'elle a déclaré, correspond, à le comprendre de façon ordinaire, aux critères de vérité de l'énoncé tandis que les implicatures y échappent.

COMMENTAIRE

Introduction

L'ouvrage de Bernard Williams, *Vérité et véracité – essai de généalogie*, tâche de saisir voire de résoudre les liens et les tensions entre l'exigence contemporaine de véracité et la suspicion concomitante à l'égard de la notion de vérité. Dans cette « généalogie » d'inspiration nietzschéenne, le fait que « la véracité implique le respect de la vérité »[1] est en rapport étroit avec l'existence de deux « vertus cardinales » de la vérité que sont l'*exactitude* et la *sincérité*. Il n'est guère surprenant que la vertu de sincérité joue un rôle central dans l'examen du mensonge : « La sincérité consiste en une disposition à s'assurer que ce qu'on exprime correspond à ce qu'on pense vraiment »[2]. Le chapitre dont est extrait le texte, *Sincérité : le mensonge et autres formes de tromperie*, aborde sans surprise le lien entre ces deux notions, non sans toutefois s'appuyer d'autres analyses faites dans le chapitre précédent quant aux rapports entre vérité, assertion et croyance. Pour concevoir ce qu'est le mensonge, la compréhension de ce qu'est une assertion constitue ici un indispensable préalable ; que cette

---

1. B. Williams, *Vérité et véracité – essai de généalogie*, *op. cit.*, p. 25.
2. B. Williams, *Vérité et véracité – essai de généalogie*, *op. cit.*, p. 120.

dernière ait fait l'objet d'un nombre considérable de textes pour la cerner impose de se référer à certaines d'entre elles, en particulier à celle de Paul Grice.

Signification non-naturelle et intention mensongère

Comme l'indique Williams dans ce texte, les implicatures conversationnelles, introduites par Grice, exercent un rôle déterminant pour comprendre ce que peut être un mensonge en se plaçant d'un point de vue davantage linguistique. Pour comprendre l'allusion de Williams aux travaux de pragmatique de Grice, un détour par ceux-ci s'impose.

Dans plusieurs essais[1], Grice tente de donner des caractéristiques de la signification – ou du « vouloir-dire » puisqu'il traite en toute généralité du *meaning* anglais. Même si le thème semble sortir quelque peu du champ d'étude du mensonge, c'est la démarche adoptée par lui et le mode de raisonnement pratiqué qui en rapprochent, ainsi que l'applique Williams. Grice entend établir des conditions nécessaires et suffisantes pour définir une partie de la signification (qu'il appelle non-naturelle, par opposition à la signification naturelle, presque symptomatique, comme dans « la fumée signifie – ou indique – le feu »), à l'aide de diverses *intentions* du locuteur. La discussion qui s'en est suivie, mêlant Strawson parmi d'autres, a fait intervenir les *croyances communes* des interlocuteurs comme permettant de pallier certains défauts de l'analyse gricéenne. Quoi qu'il en soit de l'état de l'âpre débat

---

1. Réunis dans P. Grice, *Studies in the Way of Words*, Cambridge (Massachusetts), Harvard University Press, 1989. On se réfère ici principalement au chapitre 5, *Utterer's Meaning and Intentions* et au chapitre 14, *Meaning*.

sur la signification, ce sont à la fois les tentatives successives de définition, les arguments avancés et les compositions d'états mentaux évoquées qui rapprochent du sujet : une transposition de l'analyse de la signification à celle du mensonge est envisageable, et Williams en esquisse certains aspects.

Grice propose une définition (ici un peu simplifiée) pour la signification non-naturelle :

Le locuteur I veut signifier que p à un allocutaire J au moyen de l'énoncé x si et seulement si, en énonçant x :

1) I a l'intention d'amener J à croire que p,

2) I a l'intention que J *reconnaisse que I a l'intention* exprimée en (1) et

3) I a l'intention que J croie que p *en vertu du fait* qu'il aura reconnu que I a l'intention exprimée en (1).

Si la première clause est relativement indéniable, il n'en va pas de même pour les deux suivantes. La deuxième est motivée à l'aide d'un exemple du type suivant : si je laisse un mouchoir brodé aux initiales d'Annabelle sur le lieu d'un crime, je veux certes amener la police à croire qu'Annabelle est impliquée dans le meurtre. Mais en laissant ce mouchoir, je n'ai pas pour autant signifié à la police qu'Annabelle y était impliquée : encore faudrait-il que la police *reconnaisse mon intention* de l'amener à croire cela, sans quoi je ne me suis pour ainsi dire pas adressé à la police – une reconnaissance qui n'entrait surtout pas dans mon intention : de ce fait je n'ai pas signifié qu'Annabelle était impliquée. Quant à la troisième clause, un autre exemple gricéen sert à faire saisir, toujours en recourant à une manière d'intuition de ce qu'est la signification, le contraste entre ce qui prévaut sans cette clause et ce qui est permis avec elle : supposons que dans la situation (a), je montre à Gustave une photo de son épouse Rita en train de le tromper ; supposons que dans la situation (b), je dessine devant

Gustave un portrait de Rita en train de le tromper. Dans les deux situations, j'ai bien l'intention que Gustave croie que Rita le trompe; de même, j'ai l'intention que Gustave reconnaisse cette intention puisque je lui désigne ostensiblement et sans ambiguïté soit une photo, soit un dessin, représentant ce contenu de croyance : les deux premières clauses sont donc remplies. Il apparaît cependant difficile de dire que j'ai signifié à Gustave que Sophie le trompait en lui montrant la photo : si Gustave avait trouvé cette photo dans mon portefeuille, il aurait tout aussi bien été amené à croire qu'il est trompé, si bien qu'il importe peu que je la lui montre ou qu'il la trouve par hasard, et que les intentions que j'ai n'entrent pas en ligne de compte pour qu'il acquière cette croyance. Par contraste, dans la situation (b), je lui signifie bien la proposition en question, car il est essentiel que j'aie eu l'intention de le convaincre qu'il est un mari trompé pour qu'il aboutisse à cette croyance (le même dessin trouvé dans mon portefeuille ne l'aurait même pas convaincu : il aurait pu s'agir d'un exercice artistique de ma part). Dans la situation (a), je donne à Gustave des raisons de croire qu'il est trompé, mais cela n'a pas de lien intrinsèque avec mon intention de l'en convaincre – il aurait pu être convaincu par bien d'autres façons avec le même truchement photographique. Dans la situation (b) au contraire, non seulement je lui donne des raisons de croire à son infortune, mais il est essentiel qu'il connaisse mon intention de l'en convaincre. P. Ludwig[1] exprime cela en posant comme condition nécessaire que le locuteur *communique le contenu de ses pensées* pour qu'il signifie quelque chose à autrui. La

---

1. P. Ludwig, *Le langage, textes choisis*, Paris, Garnier-Flammarion, 1997, p. 176.

troisième clause de la définition traduit cette nuance : une intention supplémentaire de la part du locuteur est requise pour qu'il y ait signification, celle que l'allocutaire croie que p *du fait même* qu'il aura reconnu son intention de le lui faire admettre.

Dans l'exposé de cette démarche pour définir la signification non-naturelle, Daniel Laurier[1] souligne très justement un point essentiel dans cette tentative de définition de Grice :

> [Les clauses qui précèdent] ne visent nullement à laisser entendre que l'auditeur doit reconnaître l'intention du locuteur, ou considérer sa reconnaissance de l'intention du locuteur comme une raison de s'y conformer. Il s'agit bien là de conditions (nécessaires) pour que l'acte de communication soit réussi, mais la définition de Grice ne cherche pas à dire à quelles conditions un locuteur réussit à communiquer quelque chose ; elle vise seulement à préciser à quelles conditions on peut dire qu'un locuteur essaie de communiquer.

En d'autres termes, Grice se place uniquement du côté du locuteur : même s'il fait référence à la reconnaissance de l'intention de celui-ci par l'allocutaire, c'est toujours du point de vue du locuteur qu'elle est estimée, ce qui se traduit un peu plus formellement par l'enchâssement de croyances de l'allocutaire dans un opérateur d'intention du locuteur. *Mutatis mutandis*, et comme déjà signalé, la définition du mensonge telle qu'on essaie de la poser doit faire usage de connaissances, croyances et intentions *du locuteur*, parfois avec un contenu portant sur les états mentaux de l'allocutaire, mais non faire directement usage de ces derniers ; ils ne seront pertinents

---

1. D. Laurier, *Introduction à la philosophie du langage*, Paris, Mardaga, 1995, p. 74.

qu'afin d'évaluer si certaines conditions de *succès* du mensonge sont réunies, et ne participent pas à la définition du mensonge, ni par conséquent à celle de l'intention mensongère.

En s'inspirant de cette première définition de Grice, des exemples contrastés qu'il utilise pour justifier ses clauses, et des conditions nécessaires pour le mensonge, portant à la fois sur les croyances et les intentions, il devient possible à présent de poser une définition du mensonge à la structure similaire. Nous avions, pour mémoire, abouti précédemment à la Définition 3-f du mensonge (avant d'ajouter une clause portant sur l'intention du menteur de dissimuler ses connaissances à l'allocutaire, ce qui avait mené à la Définition 4-f) : (1) I croit que non-p, (2a) I croit que s'il dit à J que p, alors J croira que f(p) *ou* (2b) I croit que J croit que si I lui dit que p, alors f(p), (3) I a l'intention que J croie que f(p), (4) I dit à J que p.

En s'inspirant du *definiens* de Grice, on peut formuler cette définition de la façon suivante, qui correspond à la Définition 3-f :

Un locuteur I ment à un allocutaire J à propos de f(p) en affirmant p si et seulement si, lorsqu'il affirme p :

1) I sait que p n'est pas le cas,

2) I sait que le fait qu'il affirme p entraîne que J sache que f(p) est vraie (variante cognitiviste : I sait que J sait que le fait qu'il affirme que p entraîne que f(p) est vraie),

3) I a l'intention que J sache que f(p).

Les deux premières clauses portent sur la connaissance du locuteur et n'entrent pas dans la présente discussion qui ne concerne que l'intention du locuteur. La troisième en revanche a rigoureusement le même aspect que la première clause, très insuffisante prise isolément, que Grice pose pour la signification. Est-il pertinent cependant de calquer ses deux autres clauses sur le même modèle et de les adjoindre à celle du mensonge ? La deuxième clause de Grice se paraphrase en « I a l'intention que J reconnaisse que I a l'intention d'amener J à croire que f(p). » Quant à la troisième clause de Grice, elle se transforme en « I a l'intention que J croie que f(p) en vertu du fait qu'il aura reconnu que I a l'intention de l'amener à croire que f(p). » Or ces deux clauses, selon l'argumentation de Grice, participent de la définition d'une certaine tentative de communication. En cela, que le propos soit mensonger ou non, ces clauses portant sur l'intention du locuteur n'ont pas à être modifiées : même lors d'un mensonge, l'intention de communication est présente de la part du locuteur. Au sein de la tentative de signification ou de communication, la particularité du mensonge réside dans d'autres intentions, sous-jacentes, dans des *arrière-pensées* du menteur qui se surajoutent aux intentions de communication et qui en sont autonomes. En d'autres termes, les clauses 2 et 3 de Grice sont certes nécessaires dans la définition (si l'on accepte son analyse de la signification non naturelle), non en tant que caractéristiques du mensonge, mais pour rendre compte du fait que le mensonge est *aussi* un acte de communication. Comme le dit Williams, « le système de l'assertion [...] vise à communiquer des croyances »[1] : même s'il y a mensonge, est communiquée la prétendue croyance du locuteur, et est modifiée la croyance de l'allocutaire lors de cet acte de communication. Par conséquent, les clauses pour caractériser l'intention mensongère du locuteur n'ont pas à être retenues, puisqu'il peut être entendu que le mensonge est une tentative de communication parmi d'autres, ce qui se traduit par des conditions supplémentaires qui ne le particularisent aucunement.

1. B. Williams, *Vérité et véracité – essai de généalogie*, *op.cit.*, p. 120.

Il en va de même des modifications qui ont été apportées par la suite à la première définition de Grice : *quelle que soit* la définition que l'on adopte pour la signification non naturelle, le mensonge est supposé la respecter, mais celle-ci est indifférente à la *caractérisation* du mensonge. Cependant, certaines des modifications introduites par des critiques de Grice ou Grice lui-même, et les exemples argumentatifs utilisés pour les justifier, peuvent nous guider dans l'approfondissement de la définition de l'intention mensongère.

Si la transposition directe des deux dernières clauses de Grice s'avère inutile pour une définition générale du mensonge, et en particulier pour cerner l'intention caractéristique qui l'accompagne, est-ce à dire qu'aucune autre clause portant sur les intentions du locuteur ne doive être ajoutée à la Définition 4-f déjà acquise ?

Il n'est guère étonnant qu'une transposition de la définition gricéenne sans nulle modification ne traduise pas des conditions nécessaires du mensonge, puisque là n'est pas le concept visé par la définition. Grice insiste sur la nécessité que l'intention exprimée dans sa première clause (I a l'intention que J croie que p) soit présumée connue et reconnue comme telle par l'allocutaire. Pour emprunter un autre terme à Grice, le locuteur satisfait à la Maxime conversationnelle de Qualité, qui stipule entre autres : « ne dites pas ce que vous croyez faux. » Au contraire dans le mensonge, il est pléonastique de signaler qu'un certain nombre d'intentions du menteur doivent demeurer secrètes, et qu'il entre dans son intention qu'elles le restent. Pour signifier, on ne voit guère quel genre d'intention on devrait d'ailleurs garder dissimulé : à défaut d'avoir l'intention qu'elles soient *toutes* reconnues par l'allocutaire, le locuteur qui signifie n'a pas l'intention d'en garder dans l'ombre.

C'est l'un des objets de la critique qu'adresse Strawson[1] à Grice. À l'aide d'un exemple complexe que nous ne détaillerons pas, Strawson arrive à la conclusion que les clauses de Grice sont insuffisantes pour traduire la notion de signification. Il peut arriver que les clauses soient remplies, mais que pourtant il n'y ait pas véritable communication de signification du locuteur à l'allocutaire. Pour qu'on puisse parler de véritable signification dans son contre-exemple, il faut le modifier légèrement de manière à faire apparaître une quatrième clause : I a l'intention que J sache le contenu de la clause (2), à savoir, que I a l'intention que J sache que I a l'intention que J sache que p. Mais cette quatrième clause s'avère à son tour insuffisante au prix d'une légère modification du contre-exemple initial, et il faut encore rajouter une cinquième clause, garantissant que I a l'intention que l'intention exprimée dans la quatrième clause soit connue de J. Strawson (et Grice, comme d'autres commentateurs de cette objection) argumente qu'il n'y a pas de raison de s'arrêter à cette cinquième clause : il faudrait une infinité d'intentions de la part du locuteur pour parvenir à définir ce qu'il signifie à son allocutaire.

Ainsi, chaque nouvelle clause introduit le préfixe « I a l'intention que J croie que... » devant la clause précédente. Le fait qu'on doive recourir à une infinité d'intentions du locuteur pour traduire la signification n'est pas nécessairement problématique, si l'on suppose qu'il ne s'agit pas d'intentions actuelles et mobilisées par le locuteur au moment de son énonciation, auquel cas l'invocation de limitations cognitives du locuteur suffirait à faire repousser cette définition comme

1. P. F. Strawson, Intention and Convention in Speech Acts, *Philosophical Review*, 1964, 73, 439-460.

trop irréaliste. Dans le contexte de la tentative de définition de la signification, il n'est pas étonnant qu'on ait recours à une infinité d'intentions de connaissance de la part de l'allocutaire : dans l'effort de communication du contenu de ses pensées, aucune des intentions du locuteur n'a à être dissimulée, et les divers exemples de Strawson illustrent cette nécessité de toujours ajouter une clause supplémentaire faisant intervenir une intention sur la croyance de l'intention d'une complexité immédiatement inférieure, afin de rendre compte d'une communication effective.

Quant au mensonge, et des composantes intentionnelles de ce dernier, il en va bien entendu tout autrement. Certains des états mentaux du menteur doivent être intentionnellement dissimulés à l'allocutaire. Comme déjà évoqué, il est essentiel qu'ils le demeurent pour qu'on puisse parler de mensonge. Ainsi, dans la Définition 4-f, une première intention de dissimulation de cette sorte est apparue dans la clause (5) : I a l'intention que J croie que I croit que p. En s'inspirant de la démarche de Strawson pour amender et compléter la définition de Grice pour la signification, d'autres intentions de dissimulation sont nécessaires lors d'un mensonge : l'intention de dissimulation de second ordre mentionnée, qui est la clause (6) de la Définition 5-f : I a l'intention que J ne croie pas que I a l'intention que J croie que I croit que p. Mais dans le cas du mensonge, nul besoin de recourir à une suite infinie préfixée par des intentions de dissimulations vers les croyances de l'allocutaire : une clause supplémentaire d'intention de dissimulation de la clause (6) serait redondante, car la clause (6) implique d'ores et déjà que le menteur a évidemment l'intention de dissimuler cette intention de dissimulation. Ainsi, la construction *à la* Strawson d'une intention supplémentaire s'applique parfaitement au mensonge une fois qu'elle a été transposée au mensonge, mais l'objection de Grice ne peut en revanche s'appliquer quant à une infinité d'intentions à introduire : dans le cas du mensonge, il semble que cette construction soit suffisante au niveau 5-f, suivant en cela les indications précédemment mentionnées de Davidson.

Le cas des discours trompeurs

Quelques pages après le texte commenté, Williams revient sur les difficultés à comprendre le mensonge :

> La distinction notoire entre le mensonge et les autres formes de discours trompeur se fait ici entre le locuteur qui affirme quelque chose dont il sait que c'est faux et le même qui affirme quelque chose dont il sait que c'est vrai, mais qui s'y prend d'une manière telle qu'il conduit le destinataire à croire quelque chose de faux, en particulier parce qu'il sait exploiter le jeu des implicatures partagées. (p. 125)

Même si Williams s'intéresse à cette distinction principalement pour l'application morale qu'elle pourrait présenter, elle présente également un intérêt particulier pour comprendre ce qui peut caractériser le mensonge par opposition à des notions apparentées. Mentionnée en première partie parmi certaines (mystification, duperie, etc.), l'une a délibérément été laissée de côté, bien qu'elle jouisse d'un usage contemporain très fréquent : la notion de *désinformation*. Le terme manque de définition précise et partagée, en partie parce qu'il est récent, et utilisé à tort et à travers. La désinformation est-elle seulement mensongère ? Quelques définitions de la désinformation par des auteurs français indiquent la difficulté de cerner la notion : « Action particulière ou continue, qui consiste, en usant de tout moyen, à induire un adversaire en erreur ou à favoriser chez lui la subversion dans le dessein de l'affaiblir.»[1], «La désinformation consiste à propager délibérément des informations fausses pour influencer une opinion et affaiblir un adver-saire.»[2], «La désinformation consiste en l'élaboration et la communication délibérée d'une fausse information soigneusement travestie afin de présenter toutes les apparences de l'authenticité. Dans le cadre des opérations militaires en temps de guerre la désinformation s'identifie à la déception. [...] Plus précisément encore, la désinformation apparaît comme une entreprise collective de conception, de fabrication et de diffusion d'un message falsifié dont le seul but est de tromper le récepteur-cible afin de retirer un bénéfice de l'usage forcément erroné qu'il sera susceptible d'en faire.»[3], etc.

Il est difficile de contester de telles définitions, parfois pourtant contradictoires entre elles, tant le concept est mouvant et le mot récent, même si ce qu'il désigne est aussi vieux que la guerre. Pour mieux caractériser le terme, et le faire correspondre à certaines circonstances qu'on a coutume d'appeler désinformations comme par exemple l'opération Fortitude pendant la deuxième guerre mondiale pour préparer le débarquement de Normandie, il est possible de s'appuyer sur certaines des clauses du mensonge.

Selon un fameux apologue, à trop crier au loup, on finit par ne plus être cru. En adaptant cette histoire, imaginons un individu qui aurait l'intention d'abuser ses interlocuteurs à ce propos, tel jour précis, et clamerait que le loup est là tandis

1. *Dictionnaire de l'Académie française*, 9e édition.
2. Définition énoncée par F.-B. Huyghe à plusieurs reprises. Voir par exemple http://www.huyghe.fr/actu_228.htm.
3. F. Géré, *Dictionnaire de la désinformation*, Paris, Armand Colin, 2011, p. 58.

qu'il n'y est pas, chaque jour pendant n jours. Au jour n+1, alors que le loup est là, il décide de donner, comme il le fait chaque jour depuis n jours, l'alerte au loup. Bien que l'information soit *vraie* (que l'individu *ne mente pas*), il est cependant tentant d'appeler cette opération de désinformation. En fait, ce n'est pas au jour n+1 qu'il désinforme, mais *tout au long de la séquence* des n+1 jours, qui trouve son point d'orgue au dernier jour, où pour la première fois la vérité éclôt. Ainsi, même s'il intervient des mensonges dans ce stratagème de désinformation, ce ne sont pas les mensonges qui sont susceptibles en dernière analyse de combler les aspirations de ce désinformateur, mais la *véracité* de son ultime propos ! Plus extrême serait un désinformateur jouissant de la réputation de menteur auprès de son auditoire, et le sachant. Il lui suffit de crier au loup au moment où il apparaît pour que l'auditoire se persuade du contraire, et aucune information fausse n'a été propagée. L'étape de fausseté pourrait donc être superflue dans la définition de la désinformation.

Plus fondamentalement, les différentes définitions proposées nous semblent manquer un facteur essentiel présent dans toute désinformation : celui de la *croyance*. Certes, Huyghe relève le rôle de l'« influence », Géré de « tromper le récepteur-cible ». Cela implique que le désinformateur veut agir *sur* les croyances de son auditoire. Cependant, est-ce la seule occurrence des croyances dans le processus de désinformation ? Dans l'exemple de l'opération Fortitude, les Alliés ne se contentent pas de modifier les croyances de l'État-Major allemand : en permanence dans cette opération, les actions menées par les Alliés s'appuient sur les croyances allemandes et, plus précisément encore, elles s'appuient sur la croyance qu'ont les Alliés sur les croyances allemandes. Au moins autant que d'une opération *sur* les croyances, il s'agit d'une opération *à partir* des croyances, des croyances sur les croyances, etc., en somme à partir des *croyances croisées* des protagonistes. De même, dans l'exemple extrême de l'individu qui n'aurait dit que des vérités mais qui aurait la réputation de menteur, le fait qu'il utilise sa connaissance de sa réputation chez autrui, réputation qui est elle-même une croyance de son auditoire, lui permet de mener à bien son opération sans recourir au mensonge : le désinformateur, autant qu'il veut *modifier* les croyances et connaissances de son auditoire, *raisonne à partir d'elles* (et à partir des siennes propres).

Une chose semble s'imposer lorsque l'on considère les cas de désinformations indéniables : influencer l'auditoire revient toujours à (tenter de) lui inculquer une croyance (que le désinformateur croit) fausse. C'est ici, et non ailleurs, qu'intervient la vérité ou la fausseté. Ce n'est pas l'information véhiculée qui doit être fausse, mais c'est le futur contenu de croyance chez le destinataire qui l'est ou devrait le devenir pour qu'on ait affaire à une désinformation caractérisée.

Proposons alors une définition plus précise (quoique critiquable) :

Désinformation $=_{déf}$ Acte de langage d'un agent I vers un auditoire J, consistant à transmettre intentionnellement une information p à J de manière à ce que J croie qu'une information f(p), que I croit fausse, est vraie, en utilisant les connaissances et inférences de J supposées par I.

Soit, pour reprendre approximativement la structure de la définition du mensonge :

Déf. Désinformation : (1) I croit que non-f(p), (2a) I croit que s'il dit à J que p, alors J croira que f(p) *ou* (2b) I croit que J croit que si I lui dit que p, alors f(p), (3) I a l'intention que J croie que f(p), (4) I dit à J que p.

Dans cette définition, il n'y a aucune raison pour que p et f(p) soient identiques. Dans l'exemple du loup, p n'est autre que « au loup! », mais l'information que le désinformateur veut inculquer à son auditoire est qu'il n'y a pas de loup. Le caractère détourné peut subsister cependant, en ceci que I suppose que J va inférer f(p) de p, mais se garde de lui dire f(p).

Seule la première clause de mensonge a été modifiée par rapport à la définition 3-f : c'est la conclusion de l'inférence présumée de J qui n'est pas crue par le locuteur, et non pas, comme précédemment, la prémisse. Dès lors, la question qui se pose est la suivante, même si elle peut paraître paradoxale tant la réponse affirmative semblerait évidente si l'on s'en tenait à l'usage journalistique de cette notion : une désinformation ainsi définie peut-elle être mensongère ? En considérant les deux situations, la réponse est en effet : oui elle peut l'être, il suffit qu'aux propositions dont la conjonction caractérise la désinformation on ajoute que I ne croit pas que p. Mais elle *peut* aussi *ne pas* être mensongère : si I croit que p tandis qu'il asserte que p, alors à proprement parler *il n'y a pas mensonge*, car la condition nécessaire du mensonge est enfreinte. Il faut alors ajouter des conditions supplémentaires pour traduire des données de croyance : d'une part, I croit que p, et d'autre part, par conjonction, puisque I croit que p et que non-f(p), I croit qu'il est faux que p implique f(p), ce qui signifie que I postule chez J un mécanisme inférentiel contraire au sien, et dont toute la manœuvre de désinformation non-mensongère revient à profiter.

Dans ce cas de figure, supposons que J, après avoir été victime de la désinformation de I, s'aperçoive de son erreur et se retourne contre I :

J : Tu m'as menti en m'affirmant que p était vraie !

I : Pas du tout ! Je crois bel et bien que p est vraie.

J : Et pourtant f(p) est fausse !

I : Qui t'a obligé de croire que p (ou plus exactement : le fait que je dise p) impliquait f(p) ? Ne t'en prends qu'à toi-même [1].

La réponse de I pourrait être encore plus cinglante et ruinerait définitivement les efforts de J pour le convaincre de mensonge, si par exemple I prouvait à J qu'il était faux que p implique f(p). Pourrions-nous parler de mensonge dans ce cas de figure ? Il ne nous le semble pas : même si I entendait bien duper J et lui faire inférer quelque chose que lui croit fausse, il n'a rien énoncé qu'il ne croie vrai ; même si J parvenait à établir que I savait que J ferait cette inférence désastreuse, comment pourrait-il soutenir que I lui a menti alors que la faute, le défaut de raisonnement incombe à J ? C'est une rouerie de la part de I, mais pas un mensonge ; mais encore une fois, cette décision terminologique est normative, et sans doute tout un chacun ne serait-il pas convaincu et continuerait-il de parler de mensonge dans ce cas de désinformation. Remarquons qu'une stratégie de désinformation non mensongère n'en est que plus subtile, car, d'une part, le désinformateur peut très bien énoncer ce faisant des vérités au besoin vérifiables par l'allocutaire, s'assurant ainsi une échappatoire en cas de mise en cause et, d'autre part, le désinformateur joue sur les inférences qu'est censé tirer, fallacieusement à ses yeux, son allocutaire, ce qui suppose chez le locuteur une analyse fine de la rationalité (déviante selon lui) de l'allocutaire.

Voici donc proposé une définition de la désinformation qui s'inscrit dans une tentative de rendre compte de cas de

---

1. Cette possible repartie peut emprunter à la fois à la stratégie militaire, et à la mauvaise foi caractérisée, ou aux deux.

discours trompeur, possiblement non mensonger. Pour insister sur les points distinguant un mensonge d'un discours trompeur, un parallélisme certain existe entre les définitions de mensonge et de désinformation :

Mensonge 3-f	(1) I croit que non-p	(2a) I croit que s'il dit à J que p, alors J croira que f(p)	(2b) I croit que J croit que si I lui dit que p, alors f(p)	(3) I a l'intention que J croie que f(p)	(4) I dit à J que p
Désin-formation	(1) I croit que non-f(p)				

La première clause des deux définitions est donc discriminante ; elle aide à mieux cerner l'exemple utilisé par Williams. Dans le cas de la femme et du courrier ouvert, la proposition p peut être interprétée comme « quelqu'un a ouvert ton courrier », et la proposition f(p) comme « je n'ai pas ouvert ton courrier ». Cette femme ne croit bien sûr pas que f(p) soit vraie – elle est même certaine du contraire. D'autre part, elle croit (et même sait) que p est vraie. Quant aux autres clauses, (4) est remplie lors de l'acte de langage, et (3) est à peu près remplie : l'intention serait plutôt que J ne croie pas que f(p) est fausse, ou même que cela ne lui vienne même pas à l'esprit. Enfin, les deux clauses reposant sur les mécanismes inférentiels prêtés par I à J font intervenir les rôles d'implicature ou d'implication que nous abordons par la suite. Si l'on accepte la définition de la désinformation proposée, cette femme n'est donc pas menteuse, mais bel et bien *désinformatrice* ; à cet égard les motifs de « serrer les dents » sont légitimes.

Implicatures et implications

Une notable différence entre implicature et implication est à relever, et l'exemple de Williams le suggère au demeurant. L'implication ne peut pas « disparaître » si l'on ajoute une proposition à l'hypothèse. Si je dis qu'un livre est publié, alors cela implique que ce livre a été écrit, quelle que soit la proposition que j'ajoute à celle que j'énonce. En revanche, une implicature peut disparaître si l'on ajoute une proposition, et c'est sur cette possibilité que joue la femme à propos du courrier : ce qui est « implicaturé », du moins l'espère-t-elle, chez l'allocutaire est que quelqu'un d'autre qu'elle a ouvert ce courrier. Mais cette inférence possible de l'allocutaire disparaîtrait si elle ajoutait que ce n'était personne d'autre qu'elle-même qui avait ouvert cela.

Lorsque Williams aborde la question des implicatures gricéennes, il choisit de le faire précisément parce qu'elles lui semblent traduire cette distinction. À travers ses exemples et l'interprétation qu'il en propose alors, il semble alors suggérer qu'un discours trompeur qui serait non mensonger utiliserait seul ce « jeu des implicatures », tandis que le mensonge proprement dit dans son sens usuel ne recourrait pas aux implicatures. En va-t-il ainsi ? Ne peut-on concevoir des mensonges relativement évidents et qui seraient considérés comme tel par tout un chacun faisant précisément appel aux implicatures ?

En fait, la comparaison du rôle des implicatures avec celui des implications évoque les nuances suggérées dans la définition 3 et suivantes que nous avons proposées, plus précisément au niveau de la clause (2) et de ses variantes. Lorsque l'on considère dans cette clause que le mécanisme inférentiel présumé chez l'allocutaire J par le menteur I est de nature « comportementaliste », on est bien plus proche de l'implication ; en effet, le menteur croit ici que le fait qu'il dise que p à son allocutaire va *impliquer* que J croira que p. Conformément à sa vision de l'allocutaire comme une boîte noire, c'est sur un automatisme proche d'un réflexe que se fonde le menteur pour transmettre l'information mensongère. Parallèlement, le mécanisme inférentiel ici nommé « cognitiviste » fait davantage appel à une forme d'implicature. Si l'on se place dans la tête de J telle qu'elle est imaginée par I, il est bien fait référence à une pensée qui a tout d'une implication : si I dit que p à J, alors c'est que p. Or cette implication est comme amoindrie, du fait qu'elle s'insère dans la façon de raisonner de J. La clause (2) dans son acception cognitiviste fait appel à des croyances croisées : I croit que (J croit que (I lui dit que p *implique* que p)), c'est-à-dire que I utilise les implications supposées chez J pour les transformer en de simples implicatures. Dans ce cas, I ne croit pas à une implication entre ses propos et la vérité de p, et c'est heureux pour un menteur, sans quoi son mensonge n'aurait aucun sens ; à l'inverse, dans le cas comportementaliste, c'est I qui croit qu'il existe une certaine implication dont il va user pour commettre son mensonge.

En quelque sorte, le menteur participe lui aussi au « jeu des implicatures croisées », dans une forme particulière du mensonge qui traduit un raisonnement spécifique mettant en scène des croyances elles aussi « croisées ».

TABLE DES MATIÈRES

QU'EST-CE QUE MENTIR ?

TEXTES ET COMMENTAIRES

Imprimerie de la manutention à Mayenne (France) - Septembre 2012 - N° 955228U

Dépot légal : 3ᵉ trimestre 2012